Das musikalische Entspannungsbuch
für Kinder und Eltern

Zita Martus

Das musikalische Entspannungsbuch für Kinder und Eltern

Stress abbauen durch Lieder, leicht spielbare Instrumente und illustrierte Geschichten

Mit Zeichnungen von Celestine Kronberger

Springer

Zita Martus
Soundhorn
Graz, Österreich

ISBN 978-3-662-62813-3 ISBN 978-3-662-62814-0 (eBook)
https://doi.org/10.1007/978-3-662-62814-0

Die Deutsche Nationalbibliothek verzeichnet diese Publikation in der Deutschen Nationalbibliografie; detaillierte bibliografische Daten sind im Internet über http://dnb.d-nb.de abrufbar.

Planung/Lektorat: Joachim Coch
Springer ist ein Imprint der eingetragenen Gesellschaft Springer-Verlag GmbH, DE und ist ein Teil von Springer Nature.
Die Anschrift der Gesellschaft ist: Heidelberger Platz 3, 14197 Berlin, Germany

Geleitwort

„Am Anfang war der Klang"

Noch lange bevor wir das Licht der Welt erblicken, lauschen wir ihren Klängen, erst noch dumpf, dunkel und unnahbar. Dann werden sie immer deutlicher und klarer. Rhythmen, wie der Herzschlag der Mutter, das Rauschen ihres Blutes, ihre Sprachmelodie, ihr Lachen aber auch ihr Klagen begleiten uns die gesamte Schwangerschaft. Sie geben uns Rhythmus, Halt und Geborgenheit und lassen uns in das lebendige, klingende Leben hineinwachsen und das bindende Band zur Mutter knüpfen. Neueste Studien zeigen auf, dass intrauterine Klänge, also Klänge innerhalb des Mutterleibes, bereits ab der 16. Schwangerschaftswoche wahrgenommen werden. Direkt nach der Geburt können wir bereits die Mutterstimme von anderen Stimmen, sowie die Muttersprache von anderen Sprachen unterscheiden.

Fortan orientieren wir uns über den Klang der Stimme, ihre emotionale Färbung und Sprachmelodie. Das gesprochene Wort können wir noch nicht entschlüsseln, sehr wohl jedoch, ob es zugewandt, wohlwollend, sanft oder aber monoton, gestresst und beängstigend klingt. Weltweit, durch alle Kulturen hinweg, sprechen wir intuitiv mit Babys in der sogenannten „motherese", der „Ammensprache". Wir singen mehr, als dass wir sprechen: Wir variieren mit unserer Stimme, gehen weiter nach oben und unten, betonen stärker, wiederholen, sprechen langsamer, lassen Pausen und begleiten unseren Singsang mit einer ausdrucksstärkeren Mimik und Gestik. Durch diese Musik in der Sprache, durch die erlebte Phonetik, Semantik und Syntax lernen Babys spielerisch unsere Muttersprache. Und dies geschieht in der erlebten Beziehung, im Schaffen von Vertrauen und Zuwendung.

Damit eng verwoben ist die Wiege der Musik, die Wiegenlieder – die die Merkmale der „motherese" kondensieren: einfache, langsame, sich wiederholende, beruhigende Melodien, die das Kind in den Schlaf wiegen sollen. Sie dienen dem Beziehungs- und Bindungsaufbau und der sogenannten Ko-Regulation. Werden die Kinder älter, kommen Spiel-, Kitzel-, und Bewegungslieder hinzu, die in allen Kulturen entlang der Kindesentwicklung entstanden sind und von einer an die andere Generation weitergegeben wurden. Nicht nur, um die (Gehirn-) Entwicklung der Kinder zu unterstützen, sondern primär, um den Kindern nahe zu sein, sie zu trösten, mit ihnen zu spielen und mit ihnen zu lachen. Denn in uns allen steckt das „music child", egal wie tief verborgen und vergraben. Wir alle verstehen Musik und erfreuen uns an ihr, jeder mit seinem individuellen Musikgeschmack.

Wie stark sich das „music child" entwickeln kann, hängt in der Kindheit davon ob, wie wir dieses nähren. Machen wir Musik mit unseren Kindern? Singen wir zusammen? Hören wir zusammen Musik? Besuchen wir Konzerte? Entdecken wir Klänge in der Natur oder im Haus? Lassen wir die Kinder auf die Kochtöpfe oder die Fensterscheiben trommeln? Lassen wir uns ein, auf die gemeinsame große Entdeckungsreise? Spielen wir mit? Nehmen wir uns Zeit für sie? Denn Musik ist eine Zeitkunst. Sie entsteht in der Zeit und verändert sie, intensiviert sie, wie beim ersten Kuss oder aber einem spannenden Thriller. Dadurch kann sie unser Leben bereichern, unsere Gefühle verstärken sowie unseren Alltag entschleunigen und entspannen. Doch leider nehmen wir uns heutzutage viel zu wenig Zeit, uns diese Zeit zu schenken. Leider werden viele Kinderlieder, -reime und -geschichten nicht mehr automatisch von einer Generation an die nächste übergeben, um unseren Familienalltag zu bereichern.

Deshalb freue ich mich umso mehr, dass Zita Martus sich die Zeit genommen hat, dieses Musikschatzkistchen für junge Familien zusammen zu stellen.

Möge dieses Buch dazu beitragen, dass Zita`s Musikfunken auf viele Familien und Kinder überspringt und auch ihr Leben bereichert.

Dr. *Friederike Barbara Haslbeck*

Musikpädagogin, Musiktherapeutin, Senior Wissenschaftlerin am Universitätsspital Zürich, Universität Zürich, Dozentin an der Zürcher Hochschule der Künste und Präsidentin von amiamusica (Verein zur Förderung von Musik für früh- und krankgeborene Kinder)

www.amiamusica.ch

Vorwort

In meiner Tätigkeit als Musiktherapeutin wurde mir immer mehr bewusst, wie wertvoll einfachste Klänge für Kinderohren sind. Daraus ist die Idee entstanden, ein Buch zu schreiben, das es Eltern und Kindern von zu Hause ermöglicht, sich auf eine ganz besondere Klangreise zu begeben. Oft sind es die einfachsten Mittel, die die größte Wirkung erzielen. Auch für den Schulunterricht sind die Geschichten, die Lieder und die Instrumente gut geeignet. Sie fördern die Konzentration, vermindern die Reizüberflutung und ermöglichen es uns, eigene Ruherituale in den Alltag zu integrieren. Denn kurze Auszeiten sind gerade in der heutigen, digitalisierten Zeit sehr wichtig. Mit all der Hektik und äußeren Einflüssen, die uns täglich begegnen und beeinflussen, eröffnet uns Musik einen Raum, in dem wir uns erholen und Kraft tanken können. Mit ihr können wir die eigene Kreativität ausleben, jedoch ohne den äußeren Leistungsdruck. Wir können mit Klang die eigene Individualität entdecken und so auf eine spannende Abenteuerreise gehen. Alles was wir dafür brauchen ist Zeit, Offenheit, Neugierde und Freude am Spielerischen. Denn dieser natürliche Zugang öffnet uns eine Tür zu uns, wo wir uns selbst besser verstehen können. Wenn wir als Erwachsene als gutes Vorbild fungieren, können wir das auch unseren Kindern mitgeben.

Über dieses Buch

Kinder sind in der heutigen Zeit in der Schule sowie in der Freizeitgestaltung bereits einer enormen Reizüberflutung durch Lärmbelastung und digitale Medien ausgesetzt. Infolgedessen fühlen sie sich müde, überlastet und können nur mehr schwer zur Ruhe finden. Nach der Meinung von Pädagogen, Experten im Bereich der Stressforschung und Eltern selbst kommt es bei Kindern zu Konzentrationsproblemen sowie Unruhe im Klassenzimmer und im eigenen Zuhause. Studien ergeben, dass immer mehr Kinder unter Stress leiden. Viele Kinder und Eltern fühlen sich im Alltag überlastet, beziehungsweise ist die Tendenz dahin gehend stark zunehmend.

Wie kann dieses Phänomen erklärt werden?

Immer mehr Kinder halten sich in Medien und Kanälen auf, die auf dem Smartphone, dem Tablet oder dem Fernsehgerät wiedergegeben werden. Fehlender oder mangelnder Ausgleich hierzu führt zu Stress und Unruhe. Dieses Buch möchte die Problematik und gleichzeitig einen Weg aufzeigen, wie es möglich ist, wieder mehr in Ausgeglichenheit und Entspannung zu kommen. Es wird näher darauf eingegangen, wie Entspannungsmomente in den Alltag integriert werden können und warum diese so wichtig sind. Musik und Geschichten bieten hier ein Hilfsmittel, um abschalten und zur Ruhe finden zu können. Sie unterstützen die Fantasie, die Konzentrationsfähigkeit und fördern die Kreativität.

„Vorstellungskraft ist wichtiger als Wissen“ (Albert Einstein)

Zum Aufbau des Buches

Mehrere Themengebiete, welche zu den genannten Belastungen führen können, werden im ersten Teil des Buches betrachtet. Im folgenden zweiten Teil werden mögliche Lösungsansätze aufgezeigt. Im Anschluss dazu gibt es einen praktischen Teil mit sechs unterschiedlichen Geschichten.

In jeder Erzählung wird ein Musikinstrument vorgestellt, das auch für Kinder leicht zu spielen ist. Dazu finden Sie zu jedem Instrument eine eigene, akustische Spielanleitung. Zusätzlich gibt es Lieder, die zum Mitspielen, Mitsingen und Anhören einladen.

Aus Gründen der Lesbarkeit wird im folgenden Buch die männliche Form gewählt. Die Angaben beziehen sich jedoch auf Angehörige beider Geschlechter.

"Wenn man genügend spielt, solange man klein ist, trägt man Schätze mit sich herum, aus denen man später sein ganzes Leben lang schöpfen kann"

(Astrid Lindgren)

Sie finden alle Lieder zu den Geschichten auf dem Youtube-Kanal von SpringerPsychologie:

https://www.youtube.com/user/SpringerPsychologie/

Im Buch führen QR-Codes direkt zum betreffenden (Musik-)Video.

Ich wünsche viel Freude und vor allem ein großes Entfachen der eigenen Kreativität!

Herzliche und klingende Grüße,
Zita Martus

Danksagung

Zur Erinnerung an meine Mutter Margret
Ich widme dieses Buch allen Klängen und Instrumenten, da sie uns in eine Welt entführen, die uns wieder zum Träumen anregt. Nur wer träumen kann, ist wirklich reich oder wie es Albert Einstein so schön sagte: „Phantasie ist wichtiger als Wissen, denn Wissen ist begrenzt. Phantasie aber umfasst die ganze Welt.“

Großer Dank gilt Celestine Kronberger, die die wunderbaren Illustrationen gestaltet und die Geschichten dadurch zum Leben erweckt hat. Danke auch an meine Freundin Johanna Karle, die ich über alles schätze und die mir geholfen hat, die Erzählungen lebendig werden zu lassen und bis ins kleinste Detail auszuarbeiten. Sie hatte wertvolle Ideen und hat mich die ganze Zeit über unterstützend begleitet. Des Weiteren möchte ich meinem Ehemann Robert Denk danken. Er hörte sich die Geschichten immer wieder an und komponierte zusammen mit mir die Lieder zu diesem Buch. Ein großes Dankeschön auch an unseren Experten für Tonaufnahmen, Valentin Huber. Danke an Alois Kronberger, der mir den Anstoß gegeben hat, dieses Buch zu schreiben. Danke auch an Miriam Hornhofer, die sich zu einem Interview bereit erklärt hat und an Frau Dr. Friederike

Haslbeck für das Geleitwort. Zuletzt bedanke ich mich bei meiner Mutter, die es mir ermöglicht hat, bereits in frühester Kindheit mit Musik in Berührung zu kommen. Seitdem sammle ich Instrumente, komponiere Melodien und schreibe Geschichten – meine große Leidenschaft. Musik erlaubt es uns, ganz bei uns selbst anzukommen. Sie bewertet nicht und schenkt Raum, uns frei ausdrücken zu dürfen. Ein großer Dank hier auch an den Springer Verlag, der es mir ermöglicht, die hier vorgestellten Instrumente und Geschichten mehr zu verbreiten. Mögen alle Kinder, Eltern und Familien glücklich sein.

Inhaltsverzeichnis

Über die Autorin

Zita Martus, MA BA Bakk.phil. ist Musiktherapeutin, Musikologin und Pädagogin. Sie ist spezialisiert auf die Wirkung von Musik (für Kinder und Erwachsene) im Bereich Entspannung, Gesundheit und Stärkung des Selbstvertrauens. Sie gibt Vorträge, leitet Seminare und Workshops und ist selbst leidenschaftliche Musikerin. Zusätzlich komponiert und vertreibt sie personalisierte Namenslieder für Kinder, die Verlässlichkeit und Halt geben, Kraft spenden und den Mut fördern.

1

Über Stress bei Kindern

Es gibt Wichtigeres im Leben, als beständig dessen Geschwindigkeit zu erhöhen
(Mahatma Ghandi)

Eine ausgeglichene Balance zwischen Spannung und Entspannung erlaubt ein gesundes Leben. Dieses Kapitel beleuchtet die Problematik der Überforderung von Kindern in der heutigen Zeit. Es wird immer schwieriger einen Zugang zu seinen inneren Räumen zu finden. Diese sind unsere Gefühle und Gedanken, unsere inneren Bilder und die Stimmungen in uns. Wir sind heutzutage immer mehr im Außen, mit der zunehmenden Digitalisierung wird diese Problematik in besonderem Maß durch Fernsehen, Computerspiele und Handys gefördert. Hilfreich ist es aber, Mittel und Wege zu finden, unsere Kreativität anzuregen. Diese ermöglicht uns, Zugang zu unserer Intuition und zu unseren Träumen zu erlangen. Sie kann sich dann am besten entfalten, wenn Kinder nicht zur früh unter Druck geraten (Hüther, 2016).

Z. Martus, *Das musikalische Entspannungsbuch für Kinder und Eltern*,
https://doi.org/10.1007/978-3-662-62814-0_1

Erfindungsgeist und Innovativität werden immer wichtiger. Gerade jetzt und auch in naher Zukunft sind einfallsreiche Lösungsansätze gefragt, um nachhaltige Konzepte für die Herausforderungen unserer Zeit zu finden. Wir brauchen fantasiereiche Kinder und Erwachsene, die diesen Zugang zu der eigenen, inneren Welt nicht verlieren. Es geht vor allem darum, sich bewusst zu entscheiden, was einem selbst und den Kindern Freude bereitet. Was tut einem selbst so richtig gut? Wie kann Entspannung in den Alltag integriert werden? Wie möchte ich die eigene Freizeit mit meiner Familie gestalten? Fragen wie diese, können unterstützen, ein bewusstes und entspanntes Familienleben nach Ihren eigenen Bedürfnissen und Richtlinien zu führen.

1.1 Stress und seine Auslöser

Der Leistungsdruck ist hoch, die Freizeitplanung fest im Terminkalender eingebunden. Nach einer Studie der Universität Bielefeld „Burnout im Kinderzimmer: Wie gestresst sind Kinder und Jugendliche in Deutschland?" leidet bereits jedes sechste Kind und jeder fünfte Jugendliche in Deutschland unter Stress (Bayer Health Care 2015). Ebenso tritt die Wahrnehmung und das persönliche Empfinden gegenüber Stress verstärkt in den Vordergrund. So fühlt sich bereits ein Viertel aller 7–9 jährigen Kinder, unabhängig des Geschlechts, regelmäßig gestresst.

Die Befragten geben hier als Grund vordergründig die Schule an. Hausaufgaben, Diktate und Schulnoten wirken auf sie überfordernd. Als weitere Auslöser werden Ärger und Streit mit anderen, sowie Hetze und Eile im Alltag angeführt. So haben Kinder, die unter Stress leiden, öfter ein schlechteres körperliches und seelisches Wohlbefinden. Hinzu kommt eine ungesündere Ernährung. Gleichzeitig entsteht aber ein ausgeprägter Wunsch nach mehr Ruhe und Zeit für sich selbst. (Beisenkamp et al., 2012).

Auf die Frage, was Kinder bewusst tun, um sich zu entspannen, waren die häufigsten Antworten:

- Nach draußen gehen
- Lesen

- Fernsehen
- Malen
- Musik hören
- Computer spielen

Interessant ist hier, dass Kinder, die durch die medialen Aktivitäten versuchen zu entspannen, eher angeben, von der Schule und den Eltern gestresst zu sein. Wohingegen jene Kinder, die mit ihren Eltern zur Entspannung kuscheln, malen oder lesen, gelassener mit belastenden Situationen umgehen können. Erfreulicherweise möchte die Hälfte der Befragten bewusst etwas gegen den Stress tun.

Schlussfolgernd ist es also absolut wichtig, Kindern Methoden und vor allem das Wissen dafür in die Hand zu geben, wie sie mit Stress umgehen können. Je mehr Kinder über Entspannung wissen und vor allem, wie sie sich entspannen können, desto weniger sind sie auch gestresst und können besser mit überfordernden Situationen umgehen. Je früher sich Kinder eigene Fertigkeiten im Umgang mit Stress aneignen, desto leichter fällt es auch im Erwachsenenalter damit umzugehen. Es resultieren förderliche Maßnahmen, um sich auch im Alltag bewusst entspannen zu können (Klein-Heißling und Lohaus, 2012).

1.1.1 Symptome von Überforderung und Stress

Das Wort Stress ist im allgemeinen Sprachgebrauch mit mehreren Bedeutungen besetzt. So wird von Stress gesprochen, wenn etwa Zeitmangel gemeint ist. Oder eine andauernde Überforderung den Alltag beherrscht. Die eigentliche Definition von Stress jedoch eröffnet hier einen Perspektivenwechsel.

Definition Stress

Allgemein ist Stress eine subjektive Wahrnehmung, in der eine Situation als unangenehm empfunden wird. Sie kann mit Anspannung, Sorge und Kummer übersetzt werden. Dieser Spannungszustand kann sich auf den gesamten Körper auswirken und diesen überbeanspruchen (Häcker und Stapf, 2004).

„Stressbewältigung lässt sich als die Gesamtheit aller Bemühungen und Anstrengungen einer Person beschreiben, die sich in einer wichtigen und auch überfordernden sowie belastenden Situation befindet, in der sie nicht über entsprechende individuelle Anpassungsmöglichkeiten verfügt" (Lazarus und Launier).

Der Mediziner und Biochemiker Hans Seyle hat sich intensiv mit diesem Thema befasst und stellte fest, dass dann von Stress gesprochen werden kann, wenn der Körper auf einen Reiz mit Aktivierung reagiert. Diese Reaktion kann bei positiven oder negativen Erlebnissen ausgelöst werden (Kury, 2012).

Unterstützend ist es, diesen Reizen bewusst mit mehr Gelassenheit zu begegnen. Denn Situationen sind in erster Linie deshalb stressauslösend, weil der Fokus für die Veränderung und der Bezug dazu, was wirklich gebraucht wird, fehlt (Hüther, 2011). Vielmehr kann die persönliche Wahrnehmung darauf ausgerichtet werden, wie mit Herausforderungen umgegangen werden kann. Es gilt Gewohnheiten, die nicht förderlich sind, zu hinterfragen und jene zu integrieren, die stärken.

Beispiel

Michael, 8 Jahre alt, hat es sich zur Angewohnheit gemacht, dass er direkt nach der Schule in seiner Freizeit sein Computerspiel spielt. Nach dieser kurzen Auszeit folgen die Hausaufgaben. Danach darf er manchmal noch seine Lieblingsserie anschauen. Am Abend ist er meist so aufgekratzt, dass er nicht einschlafen kann und am liebsten weiter spielen würde, was er auch manchmal heimlich macht. Für ihn ist das Computer Spielen eine Art der Entspannung, um einfach von der Schule abschalten zu können. Da er sich erst gar keine Gedanken darüber macht, wie er seine Freizeit anders gestalten kann, verändert er auch nichts an seiner Situation. Diese alltäglichen Handlungen sind bereits zur Gewohnheit geworden und Michael hat kein Gefühl dafür, was ihm gut tun würde, um sich von seinem Alltag erholen zu können. Weg von den äußeren Bildern, hin zu seiner inneren Bilderwelt.

Es ist wichtig zu betonen, dass Stress nicht auf einer objektiven Skala festgestellt werden kann, denn dieses Empfinden hängt allein von der Bewertung eines jeden einzelnen Menschen ab. Das gilt natürlich auch für Kinder. So kann die gleiche Ausgangssituation das eine völlig aus der Bahn werfen, während ein anderes entspannter auf die Situation reagiert. Gelassenheit kann gelernt und Strukturen und Gewohnheiten in uns integriert werden, die uns selbst und unserer Familie gut tun (Korte, 2009).

> „Was wir in uns nähren, das wächst; das ist ein ewiges Naturgesetz" (Johann Wolfgang von Goethe).

Beispiel

Anna und Matheo haben beide eine schlechte Schulnote in Mathematik bekommen. Während Anna sich sicher ist, dass sie das nächste Mal eine bessere Note schafft und dafür noch mehr lernen will, ist Matheo sehr verzweifelt. Er redet sich ein, dass er es niemals schaffen wird, eine bessere Note in diesem Fach zu erhalten. Er fühlt sich schlecht, zweifelt an seinen Fähigkeiten und seinem Vertrauen in sich selbst.

Die gleiche Ausgangslage kann durch zwei unterschiedliche Bewertungen und Perspektiven eine völlig andere Richtung bekommen. Sie bestimmen den weiteren Verlauf des Umgangs und der Herangehensweise mit dieser Situation. Was unmittelbar unterstützend sein kann, ist Kindern zu helfen, eine andere Sichtweise auf bestimmte Umstände zu bekommen. Eltern können hier als Vorbild fungieren, in dem sie vorleben, wie auf belastende Gegebenheiten reagiert werden und diese bewertet werden können. So zeigt eine schlechte Schulnote lediglich an, dass etwas von dem Inhalt des Stoffes noch nicht ganz verstanden wurde. Eventuell braucht das Kind auch eine andere Form der Unterstützung, um den Inhalt vollständig verinnerlichen zu können. So kann dem Kind ein anderer Blickwinkel aufgezeigt werden.

1.1.2 Auswirkungen von Stress

Stress wirkt sich auch auf den Körper aus. Dieser befindet sich in Alarmbereitschaft und setzt Energien frei, um mit einer herausfordernden Situation fertig zu werden.

Was passiert im Körper:

- Die Muskulatur spannt sich an
- Die Gefäße verengen sich und auch der Blutdruck steigt
- Die Atmung beschleunigt sich
- Das Herz schlägt schneller
- Das Hormon Adrenalin wird ausgeschüttet

Der gesamte Organismus ist einer erhöhten Reaktion ausgesetzt (Furhmann-Wönkhaus, 2008). Der Körper befindet sich hier in einem Alarmzustand. Dieser war entwicklungsgeschichtlich gesehen für unsere Vorfahren überlebensnotwendig. Hält dieser jedoch dauerhaft an, kann er zu körperlichen Beeinträchtigungen führen. Es zeigen sich klare Auswirkungen, wo anhaltender Stress als Kofaktor für eine Dysbalance zwischen Anspannungs- und Entspannungsphasen gesehen wird. Trotzdem es das Wissen über Stress gibt, sind bewusste Nutzungsmöglichkeiten von Entspannung immer noch unvollständig (Ross, 2010).

> „Wissen und nichts tun, ist wie nicht wissen" (Dalai Lama).

Tipp

Beobachten Sie sich zunächst selbst im Alltag und finden Sie Ihre Stressfaktoren heraus. Was stresst Sie selbst? Welche Gedanken kommen Ihnen, wenn Sie gestresst oder überfordert sind? Welche Ängste haben Sie in diesen Situationen? Wie bewerten Sie die Situation? Das gleiche machen Sie dann im Bezug auf Ihre Kinder. Oftmals sind es ähnliche Reaktionsmuster, die Kinder unbewusst aufnehmen. Wenn Sie herausfinden, welche Situationen Sie selbst und Ihre Kinder stressen und überfordern, können Sie darauf reagieren und Lösungen finden.

1.2 Problematik der Überforderung

> „In den hochentwickelten Industriestaaten gibt es für zu viele Menschen während der Phase der Hirnentwicklung zu wenig stärkende und stark machende und dafür zu viele schwächende und schwach machende Erfahrungen" (Gerald Hüther, 2011).

Heutzutage wachsen viele Kinder in einer reizintensiven Umwelt auf. Ihr Seh- und Hörsinn ist überfordert und die körpernahen und elementaren Sinne werden vernachlässigt. Durch die Flut an Inhalten aus den Medien werden diese überreizt. Es ist für Kinder herausfordernd, unterschiedliche Informationen gleichzeitig zu verarbeiten. Es können Konzentrationsstörungen, Unruhe und Hyperaktivität folgen. Zudem werden Stressreaktionen ausgelöst, wenn Kinder vor etwas Angst haben, ihnen etwas fremd vorkommt oder etwas Ungewöhnliches passiert (Kreusch-Jacob, 2006).

Diese Kinder können ein geringeres Selbstwertgefühl und eine negative Selbstwahrnehmung aufweisen. Sie sind oft wütend, zornig oder haben Langeweile. Des Weiteren wird große Angst verspürt, die Eltern enttäuschen zu können. Auch Versagensängste im schulischen Bereich gehen damit einher. So geben Kinder mit hohem Stresslevel auch an, sich öfters zu schämen, und, dass ihnen Dinge unangenehm und peinlich sind (Ziegler, 2015).

Es wurde festgestellt, dass Kinder bereits im frühen Alter ein hohes Maß an Stressbelastung zeigen. Diese äußert sich mindestens einmal pro Woche durch Beschwerden wie Kopf- und Bauchschmerzen, Schwindelattacken, Erschöpfungszustände, Schlafschwierigkeiten, Übelkeit und Appetitlosigkeit (Seiffge-Krenke und Lohaus, 2007).

Um einen noch genaueren Einblick zu bekommen, was Stress beim Menschen auslösen kann, bietet die Aufzählung von Lohaus et al. eine gute Übersicht. Demnach wird Stress zunächst auf der körperlichen Ebene ausgelöst und beeinflusst dann unmittelbar unsere Gefühle und Gedanken. Dadurch verändert sich auch unser Verhalten. Alle drei Ebenen sind somit unmittelbar miteinander verbunden und beeinflussen sich gegenseitig.

1. **Körperliche Ebene:** die Herzrate und der Blutdruck steigen, die Atemfrequenz nimmt zu, zunehmende Muskelspannung, Kopf- und Bauschmerzen, Schlafstörungen, Erschöpfungszustände, Appetitlosigkeit, Heißhunger
2. **Gefühle und Gedanken:** Angst, Ärger und Wut, Enttäuschung und Hilflosigkeit, Lust oder Antrieblosigkeit
3. **Verhalten:** vermehrte Reizbarkeit und Aggressivität, sozialer Rückzug, Konzentrationsprobleme, Nervosität, Stimmungsschwankungen, depressive Reaktionen

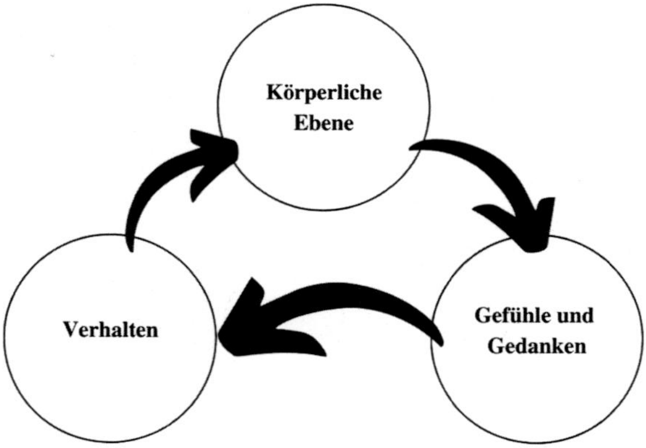

1.2.1 Feststellung von Stress

Falls mehrere der oben genannten Punkte zutreffen, können Sie hinterfragen, ob Ihr Kind momentan gestresst ist oder nicht. Reden Sie mit Ihrem Kind über dieses Thema und entwickeln Sie dann einen gemeinsamen Lösungsplan. Falls eine Unterhaltung nicht möglich ist, beobachten Sie Ihr Kind für längere Zeit und machen Sie sich Notizen. Wichtig ist zu erkennen, warum und aus welcher Situation heraus Stress entsteht. Denn ist das Problem erst einmal bewusst, kann auch eine Lösung gefunden werden.

Tipp

Schreiben Sie ein gemeinsames Tagebuch und finden Sie jene Situationen heraus, auf die Ihr Kind überfordert oder gestresst reagiert. Oft lassen sich dadurch bestimmte Muster herausfinden und wodurch diese immer wieder ausgelöst werden.

1.2.2 Warum es zu Stress kommen kann

> „Und dann muss man ja noch Zeit haben, einfach dazusitzen und vor sich hinzuschauen" (Astrid Lindgren).

Hauptsächlich sind zwei Faktoren für Stress bei Kindern und Jugendlichen verantwortlich. Zum einen kann schlichtweg eine zu große Anzahl an Terminen Druck verursachen. Zum anderen wird fehlendes Mitspracherecht bei der Auswahl dieser angegeben (Bayer Health Care 2015). Viele möchten bei ihrer Freizeitgestaltung stärker mit eingebunden werden. Darüber hinaus gibt es ein ausgeprägtes Bedürfnis nach freier Zeiteinteilung. Besonders hier empfiehlt sich somit eine bewusste und ausgewogene Balance zwischen Verpflichtungen und Entspannungszeiten.

> „Aus neurobiologischer Sicht haben wir unser komplexes und zeitlebens lernfähiges Gehirn ja nicht entwickelt, um uns zu optimal angepassten Sklaven der von uns selbst geschaffenen Verhältnisse zu machen [...]" (Hüther, 2011).

1.2.3 Das Verhältnis ist entscheidend

Stress hat im Grunde sehr nützliche Funktionen. Früher überlebensnotwendig, hilft er uns heute den alltäglichen Herausforderungen unserer Zeit begegnen zu können. So kann von „gesundem Stress" gesprochen werden, wenn dieser von kurzer Dauer und zeitlich begrenzt ist. Er gewährleistet vorübergehend Antrieb und Leistungsfähigkeit. Hält die Belastung jedoch über längere Zeit oder dauerhaft an, kann dies zu erhöhtem Stressempfinden führen, welches sich bis in das Erwachsenenalter auswirken kann (Korte, 2009). Worauf es hier ankommt, ist das Verhältnis und Gleichgewicht zwischen Sympathicus und Parasympathicus.

1.2.4 Sympathicus und Parasympathicus

Für die körperliche und seelische Gesundheit ist es wichtig, dass Sympathicus und Parasympathicus in einem gesunden Wechselspiel miteinander harmonieren. Diese Nervenbahnen sind die Verbindung vom Gehirn zu den inneren Organgen, wo eine direkte Korrelation besteht. Bei Gefahr wird der Kreislauf durch den Sympathicus (das sympathische Nervensystem) in erhöhte Aktionsfähigkeit versetzt, wodurch der Pulsschlag, der Blutdruck und die Muskelspannung ansteigen. Es werden die Botenstoffe Adrenalin und Noradrenalin vermehrt ausgeschüttet und so die Leistungsfähigkeit des Körpers in Gang gesetzt. Der Parasympathicus kann wiederum als Gegenspieler und Ausgleich gesehen werden. Hier schüttet der Körper den Botenstoff Acetylcholin aus. Er reguliert bestimmte Funktionen der Organe, die bei akuter Gefahr nicht gebraucht werden. Generell wird das gesamte Verdauungssystem beeinflusst. Befinden sich beide in wechselseitiger Wirkung, kann ein Ausgleich statt finden. Kommt es jedoch zu einer Dauerbelastung und ist das sympathische Nervensystem überwiegend aktiv, kann dies zu dauerhaften Belastungen und Krankheiten führen (Benkert, 2005).

Beispiel

Flora ist 6 Jahre alt und hat bereits jetzt schon sehr viel zu tun. Am Vormittag ist sie in der Schule, danach geht sie ins Ballett und am Abend möchte sie noch Blockflöte üben. Flora ist sehr gewissenhaft und möchte all ihren Aufgaben gerecht werden. Ihre ganze Woche ist verplant und am Sonntag besuchen ihre Eltern und sie immer ihre Oma. Sie findet in der ganzen Woche nicht wirklich Zeit für sich selbst und ihre eigenen Wünsche. Irgendwann ist sie so überlastet, dass sie einfach keinen Schlaf mehr findet. Ihr Körper und Geist sind ständig im aktiven Modus und Entspannung ist für sie reine Zeitverschwendung, da sie dann nicht produktiv sein kann. Für Flora wäre es gut, wenn sie lernt, auch einmal kürzer zu treten. Es sich zu gönnen, einmal zu lesen, Musik zu hören, zu malen oder sich einfach den Dingen zu widmen, die sie zur Ruhe bringen.

„Gönne dich dir selbst! Ich sage nicht: Tu das immer. Aber ich sage: Tu es wieder einmal. Sei wie für alle anderen Menschen, auch für dich selbst da“ (Bernhard von Clairvaux).

Tipp

Es ist ein gängiger Glaube, dass meist nicht genug Zeit für gewisse Dinge und Anliegen zur Verfügung steht. Dabei geht es jedoch eher um die Frage der Priorität. Wir sollten uns selbst als wichtig erachten und uns einfach die Zeit für Ruhemomente nehmen und erlauben. Kurze Intervalle von wenigen Minuten reichen, um die Augen zu schließen, mit dem Kind zu kuscheln oder einfach bewusst Musik zu hören. Helfende Fragen, die Klarheit schaffen, könnten sein: Was kann ich in meinem Alltag wegstreichen, was eigentlich nicht so wichtig ist? Wo kann ich mir vielleicht Hilfe und Unterstützung nehmen? Kann ich etwas anders organisieren, sodass ausreichend Auszeit für mich selbst und meinem Kind bleibt? Wo lebe ich vielleicht Muster vor, die mein Kind bereits übernommen hat? Welche Gewohnheiten möchte ich verändern und welche neuen integrieren?

Fazit

Wir leben in einer Zeit, in der viele äußere Reize ständig auf uns eintreffen. Diese sind ein entscheidender Aspekt bei anhaltender Stressbelastung. Sie kann uns körperlich und psychisch negativ beeinflussen. Wichtig ist, herauszufinden, was uns stresst und was uns gut tut, denn so können Wege für ein gesundes Leben gefunden werden. Eine Balance zwischen An- und Entspannung schenkt mehr Ausgeglichenheit. Die bewusste Wahrnehmung einer stressauslösenden Situation ermöglicht eine andere Betrachtungsweise. Es ist hilfreich, dass auch keine Bewertungen auftreten, denn jeder reagiert unterschiedlich auf schwierige Situationen. Ruheinseln helfen den Herausforderungen des Alltags mit mehr Gelassenheit zu begegnen.

1.3 Lärm als mögliche Ursache

„Wir Erwachsene sollten versuchen, unser Kind vor den negativen Einflüssen der heutigen Welt zu schützen, damit es wirklich groß und stark werden kann […]" (Gerald Hüther, 2008).

Was neben Belastung und Überforderung zusätzlich zu Stress führen kann, sind äußere Reize:

- Zeitdruck
- Hektik
- Soziale Konflikte
- (Verkehrs-)Lärm

Jedes Jahr fließen Milliardenbeträge in die Behandlung von Lärmschäden. Umgebungsgeräusche wie der Lärm von Straßen und Baustellen können körperliche und psychische Schädigungen verursachen, wenn sie dauerhaft sind (Tomatis, 2009). Aber auch leisere Schallquellen wie ein ständiger Hintergrundpegel vom Radio- und Fernsehgerät können beeinträchtigend wirken. Phasen von Ruhe und Stille hingegen sind positiv und stärken den Körper.

Der individuelle Einfluss auf äußere (akustische) Reize ist begrenzt. Nur selten können sie geplant, gar gelenkt oder beeinflusst werden. Hier hilft wieder eine aufmerksame Beobachtung der Situation, um sich besser schützen zu können. Wird der Fokus nämlich darauf hingelenkt, sind wir dieser nicht machtlos ausgeliefert. Eine Überreizung durch Lärm entsteht dann, wenn der Mensch selbst nicht mehr genau hinhört. So ist Lärm im Grunde das, was wir gelernt haben, zu ignorieren (Schafer, 1988).

1.3.1 Die Veränderung der Akustikumwelt

„Lärm ist ein wichtiger Streßfaktor" (Tomatis, 2009).

Unsere akustische Umwelt nimmt an Umgebungsgeräuschen stetig zu. Dies ist am Beispiel von Wien zu Lebzeiten Mozarts belegt und gut erkennbar. So konnte ein Wächter vom Turm des Stephansdomes einen weithin hörbaren Feueralarm ausrufen. Später reichte eine einzige Glocke angebracht an einem Feuerwehrauto aus, um die Straße räumen zu lassen. Bereits im Jahre 1964 aber erreichte eine Sirene in England schon 88 Dezibel. In der heutigen Gegenwart kommt diese in großen Städten wie beispielsweise in den USA auf 122 Dezibel (Halpern, 1985). Zum Vergleich erreichen Flugzeugmotoren in unmittelbarer Nähe einen Wert von 120 Dezibel, um hier eine Vorstellung der Laustärke zu bekommen. Jedoch auch in Vorstädten und am Land ist eine Steigerung des Lärmpegels messbar.

Definition Dezibel

Der Schalldruck, welcher ein Maß für das Lautheitsempfinden darstellt, wird in Dezibel angegeben (Gerrig, 2016).

Beispiele für Geräusche in unmittelbarer Umgebung, Lautstärke in Dezibel

- Tropfender Wasserhahn 40
- Kühlschrank 45
- Mäßiger Regen 50
- Waschmaschine 65
- Geschirrspülmaschine 65
- Staubsauger 70 bis 75
- Lebhafter Verkehr 70–85
- Wecker 80

Lärmstatuten

Jede Stadt hat ihre eigenen Regeln in Bezug zu Lärm. Sie werden nicht willkürlich von Einzelpersonen festgelegt, sondern entstehen durch Diskussion innerhalb einer Gesellschaft. Hier einige Beispiele von der Stadt Bern und wie sie sich entwickelt haben (Schafer, 1988):

- 1628: Gegen Singen und Rufen auf den Straßen an Festtagen
- 1784: Gegen bellende Hunde
- 1879: Gegen Musizieren nach 22.30 Uhr

- 1914: Gegen Teppichklopfen und lärmende Kinder
- 1961: Gegen kommerziellen und häuslichen Lärm
- 1967: Für Ruhebewahrung an Sonntagen

1.3.2 Merkmale des Lärms

Mediziner haben festgestellt, dass Geräusche von mehr als 90 Dezibel über eine längere Zeitspanne gesundheitsschädigend für das Gehör sind und somit eine ernste Bedrohung darstellen (Gerrig, 2016). Eine interessante Erkenntnis ist jedoch, dass allgemein angenommen wurde, das Hörvermögen nehme mit zunehmendem Alter ab. Es wurde aber herausgefunden, das 60-jährige Afrikaner noch genauso gut oder noch besser hören, als ein durchschnittlicher Nordamerikaner im Alter von 25 Jahren. Auch dies könnte Rückschlüsse darauf geben, dass diese in einer lärmfreieren Umgebung aufwachsen (Schafer, 1988).

Lärm muss aber nicht zwingend laut sein. Auch hier ist die subjektive Wahrnehmung ein entscheidender Faktor. So wirkt ein ständiges, monotones Geräusch für den einen störend. Gleichzeitig kann dies aber auch entspannend wirken, denkt man an die beruhigende Wirkung tieferer Frequenzen bei Neugeborenen, die die akustische Umgebung des Mutterleibs nachbilden.

Fazit

In der Gesellschaft des 21. Jahrhunderts nimmt der Lärmpegel stetig zu. Verglichen mit der akustischen Umwelt vor 100 Jahren, sind enorme Kontraste erkennbar. In jeder Nische des menschlichen Lebens kommt es heutzutage zu einer stetigen und unkontrollierbaren Ausbreitung von Geräuschen. Der menschliche Körper wird dadurch zusehends aus dem Gleichgewicht und seinem natürlichen Rhythmus gebracht. In unserem Alltag können wir darauf achten, wie die eigene Klangkulisse gestaltet wird. Selbst wenn der äußere Lärmpegel wenig beeinflussbar ist, hilft es, Orte der Stille aufzusuchen, um Rückzug zu finden.

1.4 Dem Lärm gegenübertreten – Die Stille

> „Das vollkommene Stillschweigen, das ich heilig nennen möchte, ist in erster Linie die Stille in Herz und Geist" (Menuhin 2004).

In der Vergangenheit gab es immer Zufluchtsstätten, um dem Lärm zu entkommen. Einen Ort, in dem die Stille genossen werden konnte. Hier war es möglich, die geistige und seelische Ausgeglichenheit wieder zu finden. Doch geht damit auch Respekt, sich seinen inneren Gedanken und Gefühlen zu stellen, einher. Die Ruhe schafft Klarheit über das, was uns selbst und unserer Familie gut tut. Heutzutage hüllt sich der Mensch in Geräusche, um sich nicht seiner inneren Welt zu widmen. Er verschafft sich so ein Alibi, um nicht hinblicken zu müssen (Berendt, 2010). Vielmehr geht es aber darum, mit der Stille vertraut zu werden. In ihr liegt Potential, sich seinen Wünschen und Bedürfnissen bewusst zu werden.

Warum Stille für Kinder wichtig sein kann

> „Gute Atmosphäre, die zur Bildung hilft, bildet sich nicht ohne Stille!" (Maria Montessori).

Ein Kind lernt Stille zumeist im negativen Kontext kennen. Es soll still sitzen oder still sein. Am besten den Regeln möglichst zurückhaltend und leise folgen. Jedoch wirkt Stille anders, wenn sie freiwillig erlebt wird und die innere Bereitschaft gegeben ist. Konzentration und Achtsamkeit, Stille und Entspannung liegen nah beieinander. Sie schärfen die Wahrnehmung, die eigene Kreativität und Fantasie der Kinder (Friebel, 2012). Momente der Ruhe werden hier zu Inseln im Alltag.

Beispiel 1

Anton wächst in einer Welt auf, in der Stille nicht integriert wird. Entweder läuft der Fernseher oder der Radio im Hintergrund, oder Anton darf selbst an seiner Playstation spielen, wenn es einmal nichts zu tun gibt. Es herrscht ein ständiger Geräuschpegel um ihn herum. In Momenten der Ruhe kommt er sich komisch vor und hat den Drang, sich abzulenken.

Beispiel 2

Die Familie von Markus liebt es, Musik zu hören und gemeinsam Filme zu schauen. Jedoch ist ihnen Natur genauso wichtig. Hier haben sie ein „Stilleritual" integriert. Innerhalb einer gewissen Zeit, darf niemand etwas sagen. Während des Schweigens klettert Markus auf seinen Lieblingsbaum und lauscht den Klängen des Waldes. Er liebt es, wenn er einfach in die Stille hineinhören kann und nichts tun muss. Denn instinktiv weiß er, dass diese Momente ihm Kraft geben. Die ganze Familie sucht gerne diese Umgebung auf, wenn ihnen alles einmal wieder zu viel wird. Hier, genau an diesem Ort, finden sie zur Ruhe.

„Kinder, die sich regelmäßig auf ihre Insel der Ruhe zurückziehen, sind gelassener und haben mehr Spaß am Leben. Wir sollten diese Stille und diese Ruhe fördern, denn gerade das Nicht-Leisten ist die Eintrittskarte in den Bereich der Kreativität, der Imagination, des Wissens" (Kia, 1992).

Tipp

Um Momente der Stille zu schaffen, ist es hilfreich, Musik einzusetzen. Nach dem achtsamen Anhören erzeugen wir im Anschluss stille Momente. Denn gerade in diesen Augenblicken wird sich die ganze Musik erst in uns entfalten können. Gestalten Sie selbst eine Ruheinsel für sich und Ihre Familie. Kreieren Sie einen eigenen Ort dafür. Spüren Sie selbst, wie wohltuend derartige kurze Phasen sind. Entwickeln Sie Spiele, aus denen Rituale entstehen. Wer es schafft, drei Minuten ruhig, die Augen zu schließen und hier ganz bei sich bleibt, ist der „Stillekönig"! Integrieren Sie ein Quiz, welche Geräusche in der unmittelbaren Umgebung wahrgenommen werden. Sie können auch nachdem Sie eine Geschichte vorgelesen haben, bewusste Momente der Stille mit einbauen, um die Fantasie noch mehr anzuregen.

1.5 Experteninterview

Miriam Hornhofer, leitende Kindergartenpädagogin und Kinderyoga-Lehrende.

Zita Martus: Aus Ihrer Sicht, sind Kinder heutzutage vermehrt Stress ausgesetzt?

IMiriam Hornhofer: Ich denke, dass es nicht so sehr darum geht, ob Kinder viel Stress ausgesetzt sind und wie sie diesen reduzieren können. Ich denke, dass es für Erwachsene von großer Bedeutung ist, sich selbst zu reflektieren, damit beide mit Stresssituationen gesund umzugehen wissen. Es ist essenziell, dass sich der Erziehungsberechtigte immer wieder mit Fragen auseinandersetzt, um viele Stressfaktoren im Vorhinein auszuschließen. Braucht mein Kind das wirklich? Tu ich ihm/ihr wirklich damit etwas Gutes? Sind das vielleicht meine eigenen Träume? Warum melde ich mein Kind zu diesem Kurs an? Warum soll es unbedingt diese Spielware sein? Ist dies für eine gesunde, natürliche Entwicklung meines Kindes erforderlich, oder projiziere ich persönliches, folge ich unbewusst starren Gesellschaftsdogmen? Wenn ich ehrlich zu mir bin: habe ich Angst vor Andersartigkeit / Beurteilung / Abgrenzung von außen?

Z. M.: Welchen Rat würden Sie Eltern mitgeben wollen?

M. H.: Schenken Sie sich Raum, damit Sie das Wichtigste formulieren können: Werte. Wenn Sie Ihre Werte für sich selbst und Ihre Familie kennen, haben Sie den Grundstein für ein gutes Zusammenleben gelegt. So säen Sie Samen, die sich mehr und mehr verwurzeln dürfen.

Z. M.: Was wünschen Sie sich für die Kinder?

M. H.: Freiheit und Zeit, um alle Gefühle und Emotionen willkommen zu heißen. Kinder sind begeistert vom Leben. Sie sind freudig und blicken voller Neugierde auf das, was das Leben ihnen schenkt. Ich wünsche ihnen, dass sie stets diese Attribute erhalten, damit sie genau das leben können. Mit all ihren Wundern und ihrer Einzigartigkeit.

Z. M.: Wie wichtig sind Rituale für Kinder?

M. H.: Rituale geben den Kindern Halt, Struktur und Sicherheit. Sie sind wie ein Netz, das sie auffängt und ein Rahmen, der sich um sie zieht. Dadurch bekommen sie die Möglichkeit für persönliche Entfaltung, um zu erforschen, zu entdecken und auszuprobieren. Es braucht die liebevolle Struktur durch Rituale. Auch hier dürfen es die achtsamen Kleinigkeiten sein, die sich im Alltag für die ganze Familie integrieren lassen. Einen liebevollen Guten-Morgen-Gruß durch ein Lied oder einfach ein Kompliment, um den Tag und den Menschen zu begrüßen. Zwei Minuten Dankbarkeit am Frühstückstisch für alles was man hat, erleben darf und auf das, worauf man sich freut. Ein Geheimcode durch Gesten oder Sprache beim Verabschieden im Kindergarten, der Eltern und Kind verbindet. Das strukturierte Zu-Bett-Gehen mit abschließendem Nachdenken, was heute besonders schön war. Gibt es Rituale, können sich Kinder leichter fallen lassen, sind im Gesamtwesen entspannter, weil sie vertrauen. Sie wissen, ich werde aufgefangen, ich bin sicher.

Z. M.: Wie wichtig ist es, dass Kinder mit ihren eigenen Gefühlen in Kontakt kommen?

M. H.: Wenn Kinder Raum zur persönlichen Entfaltung bekommen, spüren sie sehr schnell und intensiv ihre Begabungen und Interessen. Sie lieben es zu lernen, sind offen und voller Neugierde. Deswegen darf und soll man ihnen vieles anbieten und sie begleiten. In diesem Rahmen dürfen sie wählen, dürfen sich dort hinziehen lassen, was sie hier und jetzt anspricht. Das kann schon nächste Woche oder in wenigen Jahren etwas anderes sein. Was zählt ist Ihre Unterstützung im Jetzt. Lassen Sie Ihr Kind ausprobieren, erforschen, hinspüren. Schenken Sie dem Kind einfach nur die Möglichkeit. Es kommt von selbst, wenn es einen Bereich vertiefen und seine Ausdauer, seinen Ehrgeiz und sein Durchhaltevermögen schulen möchte.

Aber fangen Sie einfach zusammen an. Träumen Sie groß, fantasieren und philosophieren Sie mit den Kindern, kochen, spielen, bewegen, rasten, musizieren, und lesen Sie zusammen. Das braucht nicht gleich die Anmeldung zur musikalischen Früherziehung in der Musikschule. Gemeinsames Trommeln oder die Verklanglichung einer Gute-Nacht-Geschichte mit einem einfachen Instrument ist der Anfang. Für die

Zukunft brauchen wir Kinder, die sich selbst mögen, an sich glauben und sich wertschätzen. Die ihre Familien als liebevolle Wurzeln anerkennen, um über sich selbst hinauswachsen zu können. Menschen, die sich erlauben groß zu träumen, mutig ihren Weg gehen, die dem Leben vertrauen und sich ihm mit Freude und Begeisterung hingeben.

Z. M.: Nach dem Philosophen Platon, findet Musik und Rhythmus den Weg zu den geheimsten Plätzen der Seele, welche Bedeutung kann Musik für Kinder haben?

M. H.: Musik kann dabei helfen, Emotionen und Erlebnisse zu verarbeiten. Sie kann eine Art Ventil für Kinder sein, vor allem, wenn Kommunikation durch Sprache noch weg- oder schwerfällt. Musik verbindet über Kulturen, Religionen, Hautfarben und Sprachen hinweg. In meiner Arbeit setze ich bewusst regelmäßige, musikalische Rituale ein. Etwa durch ein Willkommenslied, musikalische Grüße oder Klanggeschichten. Kinder dürfen auch jederzeit selbst Zugriff zu Musik haben: einfache Orff-Instrumente, Hörgeschichten und Musik via CD stehen bereit. Besonders wichtig ist mir, dass sich das Kind selbst als musikalisch erleben kann. Dazu braucht man kein Instrument spielen oder nach Noten singen zu können. Mit Wertfreiheit ist das Experimentieren mit Klängen spielerisch und freudig. So kann Musik sie da abholen wo sie sind. Sie kann helfen zu entspannen oder zu motivieren. Dadurch kann Musik wirken und etwas bewirken.

Literatur

Beisenkamp, A., Müthing, K., Hallmann, S. & Klöckner, C. A. (2012). Große Ohren für kleine Leute! Die Elefanten-Kinderstudie 2011/2012. Zur Situation der Kindergesundheit in Deutschland. RDN Verlags GmbH & Co. KG.

Benkert, O. (2005). *Stressdepression. Die neue Volkskrankheit und was man dagegen tun kann*. Beck oHG.

Berendt, J. E. (2010). *Kraft aus der Stille. Vom Wachsen des Bewusstseins*. Knaur Taschenbuch.

Friebel, V. (2012). *Das Anti-Stress-Buch für den Kindergarten. Entspannungspädagogik für Kinder und Erzieher/innen*. Beltz Verlag.

Furhmann-Wönkhaus, E. (2008). *So entspannt mein krankes Kind. Geschichten zum Wiedergesundwerden. Für Kinder ab 5 Jahren. Mit praktischen Anleitungen und Übungen*. Humboldt Verlag.

Gerrig, R. J. (2016). *Psychologie*. Pearson Deutschland GmbH.

Halpern. S. (1985). *Klang als heilende Kraft. Eine gesunde Diät aus Klängen und Musik als alternative Therapie zur akustischen Umweltverschmutzung und ein Weg, durch die Kraft des Klanges Gesundheit, inneren Frieden und Harmonie zu erlangen*. Verlag Hermann Bauer.

Häcker, O., & Stapf, K. H. (2004). *Psychologisches Wörterbuch. 14. Überarbeitete und erweiterte Auflage*. Hans Huber Verlag.

Hüther, G. (2008). *Wie aus Kindern glückliche Erwachsene werden*. Gräfe und Unzer Verlag.

Hüther, G. (2011). *Was wir sind und was wir sein könnten. Ein neurobiologischer Mutmacher*. Fischer Verlag GmbH.

Hüther, G. (2016). *Rettet das Spiel. Weil Leben mehr als funktionieren ist.* Carl Hanser Verlag.

Kia, R. A. (1992). *Stimme – Spiegel meines Selbst. Ein Übungsbuch*. Kamphausen Verlag.

Klein-Heißling, J., & Lohaus, A. (2012). *Stresspräventionstraining für Kinder im Grundschulalter*. Hogrefe.

Korte, M. (2009). *Wie Kinder heute lernen. Was die Wissenschaft über das kindliche Gehirn weiß. Das Handbuch für den Schulerfolg*. Deutsche Verlags-Anstalt.

Kreusch-Jacob, D. (2006). *Jedes Kind braucht Musik. Ein Praxis- und Ideenbuch zur ganzheitlichen Förderung in Kindergarten und Familie*. Kösel Verlag.

Kury, P. (2012). *Der überforderte Mensch. Eine Wissensgeschichte vom Stress zum Burnout*. Campus Verlag GmbH.

Menuhin, Y. (2004). *Unvollendete Reise. Lebenserinnerungen*. Piper Verlag.

Ross, U. H. (2010). Entspannung: Neurophysiologische Aspekte einer vernachlässigten Selbstverständlichkeit. *Schweizerische Zeitschrift für Ganzheitsmedizin, 22*, 100–113.

Schafer, M. R. (1988). *Klang und Krach. Eine Kulturgeschichte des Hörens*. Athenäum Verlag GmbH.

Seiffge-Krenke, I., & Lohaus, A. (2007). *Stress- und Stressbewältigung im Kindes- und Jugendalter*. Hogrefe.

Tomatis, A. (2009). *Der Klang des Universums. Vielfalt und Magie der Töne*. Patmos Verlag GmbH.

Ziegler, H. (2015). *Bayer Health Care. Stress-Studie 2015: Burn-Out im Kinderzimmer: Wie gestresst sind Kinder und Jugendliche in Deutschland?* https://www.bepanthen.de/static/documents/stress-bei-kindern/03_abstract_ziegler.pdf. Zugegriffen: 01. Juli. 2020.

2

Über die Wirkung von Musik

Musik ist die Stenographie des Gefühls. Gefühle, die sich in Worten nur mit solch großer Schwierigkeit beschreiben lassen, werden dem Menschen in der Musik unmittelbar überbracht, und darin liegt ihre Macht und Bedeutung

(Leo Tolstoi)

Mit Musik haben wir ein wirkungsvolles Instrument in der Hand, wie wir Entspannung und Ausgeglichenheit in unser Leben und in das der Kinder integrieren können. Solche Momente können zu Sternenstunden und zu kraftvollen Ankern werden. Denn wenn wir Musik von Anfang an in der Kindheit etablieren und Möglichkeiten aufzeigen, wie wir mithilfe dieses Mediums entspannen können, werden wir auch später im Erwachsenenalter darauf zurückgreifen.

Bis jetzt hat es nie eine Kultur ohne Musik gegeben. So existieren bereits Funde aus der menschlichen Vor- und Frühgeschichte wie Rasseln, Flöten oder Trommeln. Von Pythagoras, dem griechischen Philosophen in der Zeit um 570 vor Christus wird berichtet: „Die seelisch Kranken tröstete er mit Musik, er hatte auch Lieder gegen körperliche Leiden, zum Vergessen der Trauer, zur Stillung des Zornes und Austilgung der Leidenschaften."

Z. Martus, *Das musikalische Entspannungsbuch für Kinder und Eltern*,
https://doi.org/10.1007/978-3-662-62814-0_2

Bereits nach viereinhalb Monaten ist das Hörorgan bei einem menschlichen Embryo schon komplett in seiner endgültigen Größe ausgebildet. Weiters konnte die Sterbeforschung beweisen, dass der Hörsinn als letzter erlischt. Das zeigt, dass der Mensch zuallererst Hörender ist (Kraus, 2002). Das Ohr gibt uns einen direkten Zugang zu den Empfindungen und Stimmungen. Musik, die über das Gehör aufgenommen wird, bietet eine Verbindung zum Unbewussten und zu den Gefühlen. Sie ermöglicht eine bewusste Wahrnehmung von Emotionen, erlaubt Entspannung und hilft, Stress abzubauen. So konnten empirische Studien belegen, dass allein das Musikhören die Stimmung aufhellen und entspannen kann (Koelsch et al., 2010).

2.1 Die Kraft der Musik

Musik ist die Sprache des Herzens, schon im Mutterleib beginnt die musikalische Biografie eines Menschen. Dieser nimmt die mütterliche Stimme und den Herzschlag wahr, reagiert aber genauso auf äußere Klänge und Melodien. All dies trägt zum musikalischen Lebenslauf bei und formt ihn von Anfang an. Später prägen Eltern, Erzieher und Lehrer diesen zusätzlich, indem gesungen, musiziert und gemeinsam Musik gehört wird (Kreusch-Jacob, 2006). Sie setzt ein starkes Fundament, sodass ein Musikstück aus der Kindheit Erinnerungen und Gefühle hervorrufen kann.

Die Geschichte von dem Musiker Boris Brott

(1969–1990 Dirigent des Hamilton Philharmonic Orchestra, Ontario).

Auf die Frage, wie er zur Musik gekommen sei, antwortete er: „Das mag zwar seltsam klingen, aber Musik war schon vor meiner Geburt ein Teil von mir“ Als er dies erläutern sollte, antwortete er: „Nun, als junger Mann war ich verblüfft über meine ungewöhnliche Fähigkeit, manche Stücke ohne Noten zu spielen. Da dirigierte ich eine Partitur zum ersten Mal, und plötzlich sprang mir die Cello – Stimmführung ins Gesicht, und ich wußte, wie das Stück weitergeht, bevor ich das Blatt umgedreht hatte. Eines Tages erwähnte ich das meiner Mutter gegenüber, einer Berufscellistin. Sie war auch verwundert. Aber als sie hörte, um welche Stücke es sich handelte, löste sich das Rätsel von selbst. Alle Partituren, die ich ohne Noten kannte, waren diejenigen, die sie gespielt hatte, als sie mit mir schwanger war.“ (zit. nach Verny und Kelly, 1981).

2.1.1 Musik und Emotion

> „Musik ist die gemeinsame Sprache der Menschheit" (Henry Wadsworth Longfellow).

Das Hören von Musik hat positive Effekte auf das Hormonsystem, das Immunsystem und das vegetative Nervensystem. Sie kann auf unseren Blutdruck und Herzschlag einwirken und nicht zuletzt unsere Emotionen beeinflussen (Koelsch, 2019). Musik vermag innerhalb von Sekunden die emotionale Stimmung zu verändern. Neben der physiologischen hat sie auch eine psychologische Wirkung auf den Menschen. Denn in allen Kulturen wurde und wird Musik gemacht. So hat gemeinschaftliches Musizieren bedeutende evolutionäre Funktionen, wie die Kommunikation, Kooperation, Gruppenkoordination und den sozialen Zusammenhalt (Koelsch et. al., 2008).

Musik wird als Sprache für unterschiedliche Ausdrucksformen verwendet. Vor allem sind es zwei emotionale Bereiche, die immer wieder zum Ausdruck gebracht werden: die Freude und die Trauer. Beide äußern sich in typischen Verhaltensweisen, Aktionen, Gesten und stimmlichen Äußerungen.

Betrachten wir die emotionale Qualität der Trauer musikalisch, so werden in der Regel langsamere Tempi gewählt. Im Gegensatz zur Emotion Freude, die mit schnellerem Tempo festgelegt wird. Diese Charakteristika können auch auf Wut übertragen werden. Zorn und Aggressionen werden musikalisch mit kräftigen, stark akzentuierten und voluminösen Klangfarben besetzt, während Zärtlichkeit und Liebe zurückhaltende, gleichmäßige und pulsierende Klänge enthalten (Rösing, 1993). Durch diese Hintergrundinformation kann das Hören von Musik bewusst und gezielt eingesetzt werden, um Gefühle durchleben und ausdrücken zu können. So kann Musik nach Genres und Themen eingeteilt werden. Denn bei Traurigkeit hilft es oft, melancholisch gestimmte Lieder anzuhören und damit in Resonanz zu gehen. Doch auch hier gilt das ausprobieren, welche Musik in welcher Situation am besten unterstützen kann.

Tipp

Probieren Sie selbst aus und wählen Sie ein Musikstück, was mit Ihrer derzeitigen Stimmung in Einklang geht. Beobachten Sie, was das Lied in Ihnen auslöst und wie es Ihnen danach geht. Wenn Sie traurig sind, könnten Sie ein Lied wählen, was Ihrem Gemütszustand entspricht. Danach hören Sie bewusst ein Musikstück, was Sie fröhlich stimmt. So können Sie Ihre Gefühlswelt durchleben und im Anschluss gezielt in einen anderen Zustand bringen. Damit haben Sie für sich und Ihr Kind eine schnelle und effektive Methode in der Hand, um Ihre Emotionen zu steuern.

2.1.2 Der Nutzen auf Körper und Geist

Die Wirkung der Musik kann zum einen auf der körperlichen und zum anderen auf der psychischen Ebene erklärt werden (Bruhn et al., 1993).

Wirkung auf den Körper:

- Herz – Kreislauf: Senkung von Herzfrequenz und Blutdruck, Gegenregulierung von Herzrhythmusstörungen
- Atmung: Minderung der Atemarbeit, Harmonisierung des Atemrhythmus
- Stoffwechsel: Senkung des Stresshormonspiegels, Herabsetzung des Energieverbrauchs, Herstellen der Schlafbereitschaft
- Wahrnehmung: Erhöhung der Schmerzempfindlichkeitstoleranz
- Motorik: Herabsetzung der Muskelspannung, Lösen von Muskelkrämpfen
- Medikamenteneinsatz: Reduktion des Schmerzmittelsverbrauchs

Wirkung auf die Psyche:

- Psychomotorik: Minderung motorischer Unruhe, Verhinderung von Muskelzittern
- Subjektives Empfinden: Weniger Angst, reduziertes Schmerzempfinden, gestärktes Vertrauen/Selbstvertrauen, emotionale Entspannung
- Ablenkung: Unterstützung von Tagträumen

Mit Musik geht alles besser

Eindrucksvolle Unterstützung zeigt das Musikhören auf depressive Menschen (Brandes et al., 2009). So wurden über einen Zeitraum von fünf Wochen 200 Probanden einer „Hörkur" unterzogen. Hier wurden sie gebeten, mehrmals täglich speziell für depressive Menschen komponierte Musik zu hören. Das Ergebnis zeigte, dass sich bei 86 % der Menschen der Schweregrade der Depressionen um nahezu die Hälfte reduzierte.

Neben dem Hören von Musik bietet auch das aktive Musizieren messbare Chancen. So nehmen durch das Singen die Immunglobine im Körper, die das Immunsystem stärken, zu. Ein weiterer Effekt ist die Senkung des Stresshormons Cortisol und die Linderung von Schmerzen. Es vernetzen sich Hirnregionen, die zusätzlich die Denkfähigkeit verbessern. Bei Schlaganfällen und Demenz fördert das Musizieren den allgemeinen Heilungsprozess (Bruhn et al., 1993).

Allein das Hören hat einen direkten Einfluss auf die Gefühls- und Gedankenwelt. Musik entfacht eine Kettenreaktion im Körper und schüttet das Glückshormon Dopamin aus. Dieses ist an positiven Gefühlen beteiligt. Jeder kennt hier die aktivierende Kraft, wenn Musik direkt nach dem Aufstehen eingesetzt wird (Easwaran, 2018).

Fazit

Musik ist ein Medium, welches schon im Mutterleib auf den Menschen Einfluss nimmt. Sie beeinflusst den Körper und auch den Geist. Zahlreiche positive Effekte hängen mit dem Anhören von Musik zusammen. Es kann damit der Gefühlszustand unmittelbar verändert werden. Daneben fördert das aktive Musizieren auf vielfältige Art und Weise das Wohlbefinden.

2.2 Physische und psychische Auswirkungen von Musik auf Kinder

„Die Erziehung zur Musik ist von höchster Wichtigkeit, weil Rhythmus und Harmonie machtvoll in das Innerste der Seele dringen" (Platon).

Der außerordentliche Einfluss von Musik setzt vor allem in der Entwicklung bei Kindern ein starkes Fundament. Aktives Musizieren, das Hören von Musik, nicht zuletzt aber auch der Unterricht der Musikerziehung in der Schule sind hier beteiligt. So wurden direkte positive Auswirkungen auf die sozialen und intellektuellen Fähigkeiten festgestellt. In erster Linie ist eine Steigerung des Konzentrationsvermögens erkennbar. Ebenso wird durch Musizieren und Singen die Lern- und Leistungsmotivation gesteigert (Bastian, 2000). Generell zeigen Kinder große Freude am Entdecken und Spielen mit der eigenen Stimme, mit dem Improvisieren von Klängen und dem Umsetzen von Musik in Bewegung und Tanz.

Auch Erwachsene sind unmittelbar an der Beziehung des Kindes zur Musik beteiligt. Hemmungen der Eltern sich der Musik gegenüber zu öffnen, wirken sich auch auf das Kind aus (Kreutz, 2007). Vielmehr liegt hier der Gewinn in der gemeinsamen Interaktion, wo Erwachsene das Kind beim spielerischen Entdecken unterstützen und nicht eigene Berührungsängste gegenüber dem Musizieren und Singen einbringen. Auch kollektive Erlebnisse im gemeinschaftlichen Musizieren tragen zum Selbstvertrauen des Kindes bei. Hier finden kommunikative Begegnungen statt, wo eine Synchronität vorhanden ist. Jedes Kind bekommt den Raum für seinen musikalischen Ausdruck (Koelsch, 2019).

Musik schärft zusätzlich die Wahrnehmung und die Sinne der Kinder. So können Vorschulkinder, die bereits ein Instrument lernen oder Singen, Tonhöhen besser unterscheiden. Das hilft bei der Sprachentwicklung und dem Sprachverständnis. Das Musikmachen aktiviert das Kurz- und Langzeitgedächtnis. Durch das Spielen von Tonabfolgen, die bereits gespeichert wurden, wird die Gedächtnisleistung trainiert. Darüber hinaus werden die Sensomotorik, der Tastsinn, der Gleichgewichtssinn und der Bewegungssinn unterstützt und geschult. Diese sind für die Spannung von Muskeln und Sehnen zuständig. Das Musizieren animiert und aktiviert den Bewegungsapparat.

2.2.1 Musik und Entspannung

> „Die Menschen der heutigen Zeit sind in der Regel von einem ziemlich hektischen Lebensrhythmus geprägt. Ihre Tage sind angefüllt mit allerlei Erledigungen, und Arbeit wird mit der Vorstellung von permanenter Leistungserbringung verbunden“ (Kia, 1992).

Entspannung kann gelernt werden. Je eher damit begonnen wird, desto mehr kann sie in den Alltag integriert und gelebt werden. Genauso wie das körperliche Training großen Einfluss auf die leibliche Gesundheit hat, hat Übung in der Entspannung Wirkung auf die geistige Ausgeglichenheit und innere Balance (Merrit, 1998). Wird sie schon in der Kindheit routiniert, wirkt der Vorteil umso stärker. Um mit Anspannung und Stress im Erwachsenenalter besser umgehen und eine Dauerbelastung vermeiden zu können. Das kann schon mit dem einfachen Mittel des täglichen Mittagsschlafs beginnen, der idealerweise das ganze Leben beibehalten werden sollte (Dahlke und Kaesemann, 2010).

Bewusstes Hören

> „Zuweilen kann eine einfache Melodie, die wir nur ein einziges Mal hören, einen so mächtigen Eindruck auf unsere Seele machen, dass wir sie mitten im Gewühle der Welt wieder zu hören glauben, … in uns lebend braust sie durch unser Inneres” (Hans Christian Andersen)

Das Hören von Musik, das einer bestimmten Intention folgt, erklärt das bewusste Hören (Merrit, 1998). Heutzutage ist es üblich, sie oft nebenbei als begleitendes Medium zu erleben, sei es beim Autofahren, beim Kochen oder bei Aktivitäten wie Sport. Ist die Absicht aber mit Musik zu entspannen, entfaltet sich die Wirkung dann am besten, wenn die ungeteilte Aufmerksamkeit nur darauf gelenkt wird. Diese Achtsamkeit erlaubt einen besseren Zugang zu sich selbst und mehr Gelassenheit zu haben. Der Effekt wird zusätzlich verstärkt, wenn Lieder ausgewählt werden, die als angenehm empfunden werden.

Ausschlaggebend dafür ist hier die verminderte Aktivität des Mandelkerns innerhalb des limbischen Systems des Menschen. Dieser ist bei Angst- und Alarmreaktionen maßgeblich beteiligt. Gleichzeitig werden jene Regionen im Gehirn stimuliert, die positive Emotionen in uns auslösen (Bernatzky, 2010). Solche kurzen Auszeiten mit Musik entspannen nicht nur Körper und Geist, sondern haben auch eine konzentrationsfördernde Wirkung. Die Aufnahmebereitschaft und anschließende Lernfähigkeit wird hier unterstützt.

Balance und Ausgeglichenheit

Bereits Aristoteles brachte der Musik die größte Wertschätzung entgegen, so glaubte er, dass diese einen Beitrag zur Erziehung der Jugend leisten könne (Barenboim, 2019):

> „[…] in Hinblick auf die gemeinsame Teilnahme an der Musik darf man wohl meinen, daß dies nicht nur aus diesem Grund [dass sie zur Vergnügung dienen kann] vorkommt, sondern auch, weil sie nützlich ist für die Erholung, wie es den Anschein hat […]“

Menschen sehnen sich nach einem ausgeglichenen Zustand, nach Harmonie und innerem Gleichgewicht (Hüther, 2004). Das Gehirn ist hier vordergründig beteiligt und möchte eine bestimmte Konstitution seiner neuronalen Netzwerke und Verarbeitungszentren herbeiführen. Eine ständige Balance zu finden, ist nicht einfach, denn andauernd werden einzelne Areale verschieden stark erregt. Das führt zu Unruhe und kann Stress, Angst und Verunsicherung auslösen. Um in den Zustand des Einklangs zurückzufinden, ist Musik ein geeignetes Mittel der Wahl. Es ermöglicht eine Harmonisierung und Synchronisation bestimmter Gehirnregionen. Dieser Zustand wirkt sich auf den gesamten Körper aus.

Musik wird auch zurecht als Sprache der Seele bezeichnet (Küntzel, 2010). Bei näherer Betrachtung haben Klänge ähnliche Funktionen wie jene von Sätzen und Wörtern. Entspannung fällt auch aus diesem Grund leichter, da direkt mit der inneren Gefühlswelt kommuniziert werden kann, ohne dass bewusst eingegriffen werden muss. Kinder haben hier einen müheloseren und unbelasteten Zugang. Die Ausgeglichenheit passiert hier im Inneren und ist nicht primär von außen abhängig, ungeachtet dessen ob gesungen, musiziert oder Musik angehört wird.

2.2.2 Welche Musik eignet sich zur Entspannung

> „Das Auge führt den Menschen in die Welt, das Ohr führt die Welt in den Menschen ein" (Lorenz Oken).

Musik ist heutzutage über gängige digitale Medien leicht zugänglich und kann spielend in den Alltag integriert werden. Sie wirkt nicht nur auf das körperliche Wohlbefinden, sondern beeinflusst auch das Denken, Handeln und Fühlen. Musik hebt die Stimmung, begünstigt die Aufmerksamkeit und schafft gute Bedingungen für neues Lernen (Altenmüller, 2018). Der Übergang weg von den sogenannten Betawellen hin zu den Alphawellen unterstützt diesen Zustand. Dieser ermöglicht es neue Inhalte besser aufzunehmen.

Definition

- **Betawellen**
  Hier verbringen wir den Großteil unseres Alltags. Betawellen sind unser Normalzustand. Während Sie diese Zeilen lesen und sich Ihr Gehirn mit den Informationen und dem Inhalt des Buches beschäftigt, werden diese im denkenden Gehirn (Neocortex) verarbeitet. Hierbei schwingen Ihre Gehirnströme im Betazustand.
- **Alphawellen**
  Der Alphazustand ist bereits viel ruhiger. Die Gehirnwellen schwingen langsamer als im Betazustand. Diese Alphawellen werden bereits aktiviert, wenn wir unsere Augen schließen, wodurch ein Großteil der Außenwahrnehmung wegfällt und wir uns mit unserer Aufmerksamkeit nach innen richten können (Weger, 2018).

Es eignet sich Musik mit einem Tempo zwischen 60–80 Schlägen pro Minute, um in den entspannten Ruhebereich zu kommen. Zusätzlich empfiehlt es sich Musikstücke auszuwählen, die eine tiefe Frequenz, einen langsamen, stabilen Rhythmus aufweisen, orchestrale Instrumentierung und eine unaufgeregte Melodieführung besitzen (Chi und Young, 2011).

Tipps zur Gestaltung

Im Folgenden werden Sie ein paar Musikvorschläge bekommen, welche sich hervorragend eignen, um abschalten zu können. Alles was Sie dafür brauchen, ist ein abspielbares Gerät, einen gemütlichen Ort und wenn Sie möchten leere Blätter und Buntstifte, um die musikalische Reise danach festhalten zu können. Musik bietet die Möglichkeit der Synchronisation, auch Entrainment genannt (Merrit, 1998). Wenn sich das Tempo der Musik beschleunigt, wird auch unser Herz schneller schlagen. Der menschliche Herzschlag befindet sich bei Erwachsenen zwischen 70 und 80 Schlägen pro Minute. Wenn Sie also eine Musik hören, die schneller als Ihr momentaner Herzschlag ist, wird diese Sie anregen oder Ihre Anspannung erhöhen. Das gleiche gilt natürlich umgekehrt. Möchten Sie zur Ruhe kommen und entspannen, wählen Sie ein Musikstück mit langsamerem und ruhigerem Tempo aus. Mit sanfter Musik beruhigt sich auch unsere Atemfrequenz. Wenn wir an den theoretischen Hintergrund vom ersten Kapitel zurückdenken, so zeigt sich der Stress meist im Körper durch schnelleren Herzschlag und höherer Atemfrequenz. Hier können wir diesen Prozessen entgegensteuern. Klassische und meditative Musik eignet sich hier am besten. Wenn Ihnen diese Musik jedoch gar nicht zusagt, so wählen Sie bitte unbedingt für Sie passende Beispiele aus. Sie und Ihr Kind sollten sich wohlfühlen. Auf jeden Fall zu vermeiden ist Heavy – Metal oder Techno – Musik. Diese ist für unser Vorhaben ineffektiv (Trappe, 2010).

Bei Ihrer Musikauswahl sind folgende Punkte zu beachten:

- Musik ohne Text
- Langsames Tempo
- Klassische Musik
- Keine aufreibenden Rhythmen
- Dauer des Musikstücks mindestens 2 min
- Repetitive Klänge

Folgende Fragen können Ihnen bei der Auswahl helfen:

- Welche Musik haben Sie selbst gern in Ihrer Kindheit gehört?
- Welche Stimmungen und welche Gefühle haben Sie, wenn Sie dieses Musikstück wieder anhören?

- Welche Musik möchten Sie Ihrem Kind weitergeben und warum?
- Welche Lieder helfen Ihnen dabei, vollkommen abzuschalten und nur dem Klang zu lauschen?
- Bei welchem Musikstück fühlen Sie sich wohl?
- Welches Lied hilft Ihnen selbst, sich voll und ganz entspannen zu können?
- Welche Musik löst in Ihnen ein Gefühl der Wärme aus?

Kinder werden gerade in den ersten Lebensjahren sehr von dem Musikgeschmack der Eltern geprägt. Selbst wenn Sie im Jugendalter eine eigene und andere Musik auswählen, welche Sie in Ihrer Ich-Identität fördert, werden Sie sich im Erwachsenenalter immer an die Anfangsmusik erinnern können und einen direkten Bezug zu dieser Musik haben. Suchen Sie Ihre Musik sorgfältig aus. Folgende Zusammenstellung hat sich für Kinder, Jugendliche und Erwachsene immer wieder bewährt.

Tipp

Gestalten Sie eine eigene Entspannungsplaylist oder eine (digitale) Musikbibliothek, die Sie immer für sich und Ihre Familie bereit haben. Eine Werkauswahl, auf die Sie jederzeit Zugriff haben, ob im Auto, im Urlaub oder bei Ihnen zu Hause. Diese können Sie ganz einfach auf Ihrem bevorzugten Wiedergabegerät abspeichern und bestenfalls ständig bei sich haben. So haben Sie Ihr individuelles Repertoire und können zu jeder Zeit Ihre Entspannungszeit durchführen.

Empfehlung vor dem Musikgenuss

Zu Beginn der (gemeinsamen) Zeit:

- Finden Sie einen bequemen Platz, an dem Sie und Ihr Kind sich entspannen können
- Atmen Sie ein paar Mal tief durch
- Wenn es sich gut anfühlt, geben Sie Ihrem Kind eine fünfminütige Rückenmassage

Wählen Sie ein Musikstück aus Ihrer Entspannungsplaylist aus. Bevor die Musikreise beginnen kann, ist folgende Anleitung sehr hilfreich (die Anleitung sollte in der „Du – Form“ erfolgen):

„Stelle dir dein Lieblingstier vor. Achte darauf, wie es aussieht und wie groß es ist. Es kann jede Farbe haben, die du dir wünschst. Nun tu einfach so, als hätte dein Tier Flügel und ihr könntet fliegen. Schau einmal, wie seine Flügel aussehen. Strecke deine Hände und berühre die Flügel des Tieres und stelle fest, wie sie sich anfühlen. Stell dir vor, du kannst zusammen mit deinem Tier davon fliegen. Du steigst auf seinen Rücken; du und dein Tier, ihr könnt euch, wenn die Musik beginnt, dahin tragen lassen, wo ihr gerne sein möchtet.“

Am Ende der (gemeinsamen) Zeit:

- Nach dem Anhören des Musikstücks verweilen Sie noch kurz in der Stille. Spüren Sie in den Körper hinein und kommen Sie dann wieder ganz im Raum an
- Schreiben, erzählen oder malen Sie über das Abenteuer

(entnommen aus „Die heilende Kraft der klassischen Musik“, Stephanie Merrit).

Tipp

Auch die Geschichten in diesem Buch und die dazu passende Musik eignen sich hervorragend, um eigene Ruheinseln und eigene Auszeiten im Alltag zu etablieren. Das angeführte Beispiel soll eine Anregung geben, wie Sie eine Entspannungseinheit inszenieren könnten. Integrieren Sie gerne Ihre eigenen Bedürfnisse. Wenn das Kind nicht ruhen mag, darf es sich natürlich auch zur Musik frei bewegen.

2.2.3 Musikempfehlungen

- Erik Satie: Gymnopedie Nr.1
- Samuel Barber: Adagio for Strings/Essay for orchestra, Nr. 1 op.12
- Franz Schubert: Impromptu op. 90 Nr. 3 Nocturne Es-Dur op.9 Nr. 2/Sinfonie Nr. 7: „Die Unvollendete“, 2. Satz
- Arvo Pärt: Spiegel im Spiegel, für Violine und Klavier

- Claude Debussy: Claire de Lune/Prélude à l'après-midi d'un faune
- Franz Liszt: Liebestraum
- Johann Pachelbel: Canon in D-Dur
- Wolfgang A. Mozart: Klavierkonzert Nr. 21, 2. Satz
- Ludwig van Beethoven: Klavierkonzert Nr. 5, 2. Satz
- Edward Elgar: Enigma Variationen: Nimrod
- Camille Saint-Saëns: Karneval der Tiere: Aquarium/Der Schwan
- Georg F. Händel: Sarabande d-moll HWV 437
- Johannes Brahms: Violinkonzert D-Dur, op. 77, 2. Satz/Intermezzo op. 117
- Richard Strauss: Hornkonzert Nr. 2 Es-Dur, 2. Satz
- Felix Mendelssohn-Bartholdy: Ein Sommernachtstraum, Notturno op. 61
- Robert Schumann: Kinderszenen: Träumerei (Version Streichquartett), op. 15, Nr. 7
- Franz Danzi: Hornkonzert E-Dur, 2. Satz
- Joseph Haydn: Cellokonzert Nr. 1 C-Dur, 2. Satz, Hob. VIIb:1
- Luigi Boccherini: Cellokonzert Nr. 7 G-Dur, 2. Satz

Alternativ zur klassischen Musikauswahl ist Filmmusik ebenso zu empfehlen, sofern sie die bereits genannten Kriterien erfüllt. Hier gibt es eine Vielzahl von Komponisten, wie Yann Tiersen, James Newton Howard, John Williams, Alexandre Desplat und Danny Elfman, um nur einige zu nennen, die Werke in besagtem Musikstil geschrieben haben. Hier ist genau wie bei der klassischen Musik primär wichtig, dass die Musik Ihrem Geschmack entspricht und Sie sich darauf einlassen möchten.

Literatur

Altenmüller, E. (2018). *Vom Neandertal in die Philharmonie. Warum der Mensch ohne Musik nicht leben kann*. Springer Verlag GmbH.

Barenboim, D. (2019). *Klang ist Leben. Die Macht der Musik*. Pantheon Verlag.

Bastian, H. G. (2000). *Musik(Erziehung) und ihre Wirkung. Eine Langzeitstudie an Berliner Grundschulen*. Schott Musik International.

Bernatzky, P. (2010). Musik und Gedächtnis. In P. Schloffer & Frick- Salzmann (Hrsg.), *Gedächtnistraining. Theoretische und praktische Grundlagen.* Springer Medizin Verlag.

Brandes, V. et al. (2009). Music programs designed to remedy burnout symptoms show significant effects after five weeks. *Annals of the New York Academy of Sciences, 2009*(1169), 422–425.

Bruhn, H. et al. (1993). *Musikpsychologie.* Rowohlt Verlag.

Chi, G. C., & Young, A. (2011). Selection of music for inducing relaxation and alleviating pain. *Holistic Nursing Practice, 25*(3), 127–135.

Dahlke, R., & Kaesemann, V. (2010). *Krankheit als Sprache der Kinderseele. Be-Deutung kindlicher Krankheitsbilder und ihre ganzheitliche Behandlung.* Wilhelm Goldmann Verlag.

Easwaran, K. (2018). *Das Geheimnis gesunder Kinder. Was Eltern tun und lassen können.* Verlag Kiepenheuer.

Hüther, G. (2004). Ebenen salutogenetischer Wirkungen von Musik auf das Gehirn. *Musiktherapeutische Umschau, 25*(1), 16–26.

Kia, R. A. (1992). Stimme – Spiegel meines Selbst. Ein Übungsbuch. Kamphausen Verlag.

Kraus, W. (2002). *Die Heilkraft der Musik. Einführung in die Musiktherapie.* Beck.

Kreusch–Jacob, D. (2006). *Jedes Kind braucht Musik. Ein Praxis- und Ideenbuch zur ganzheitlichen Förderung in Kindergarten und Familie.* Kösel-Verlag.

Kreutz, G. (2007). Wie die Kinder Musik empfinden, erleben und lieben lernen. Zur Bedeutung der Musik in der frühen Kindheit. Das Online – Familienhandbuch des Staatsinstituts für Frühpädagogik (IFP).

Koelsch, S. (2010). Towards a neural basis of music-evoked emotions. *Trends in Cognitive Sciences, 14*, 131–137.

Koelsch, S. (2019). *Good Vibrations. Die Heilende Kraft der Musik.* Ullstein Buchverlage GmbH.

Koelsch, S., & Schröger, E. (2008). Neurowissenschaftliche Grundlagen der Musikwahrnehmung. In: H. Bruhn (Hrsg.), *Musikpsychologie. Das neue Handbuch.* Rowohlt Verlag GmbH.

Küntzel, B. (2010). *Kinder & Musik. Was Erwachsene wissen sollten.* Kallmeyer Verlag.

Merrit, S. (1998). Die heilende Kraft der Musik. Eine Entdeckungsreise zu mehr Kreativität und Lebensenergie durch Musik. Kösel.

Rösing, H. (1993). *Musikalische Ausdrucksmodelle. Theorie musikalischer Ausdrucksmodelle.* In H. Bruhn (Hrsg.), *Musikpsychologie. Ein Handbuch.* Rowohlt Taschenbuch Verlag GmbH.

Trappe, H. -J. (2010). Wirkung von Musik auf das Herz-und Kreislauf-System. *Musik-, Tanz- und Kunsttherapie, 21*(2), 71–78.

Verny T., Kelly J. (1981). *Das Seelenleben des Ungeborenen. Wie Mütter und Väter schon vor der Geburt Persönlichkeit und ihres Kindes fördern können.* Rogner und Bernhard Verlag.

Weger, M. (2018). *Die Heilkraft der Gefühle. Der Weg zu Gesundheit und Lebensfreude. Neue Erkenntnisse und Strategien.* Kneipp Verlag.

3 Wege zur Ruhe und Kreativität

Kreativität braucht Pause

(Kia, 1992)

Definition Kreativität

Der Begriff Kreativität erlaubt mehrere Betrachtungsweisen: so kann es eine Person mit genialen Einfällen sein, sei es ein Wissenschaftler, Erfinder oder Künstler. Oder aber es handelt sich um eine bestimmte Art von Denk- und Arbeitsprozessen, deren Inhalte durch Inspiration, Intuition und systematisches Problemlösen gekennzeichnet sind (Preiser, 2006).

Kreativität erlaubt die Möglichkeit, seine Träume auszuleben. Mit ihr können Wünsche entfacht und zum Ausdruck gebracht werden. Es bedeutet nicht nur, erfinderisch zu sein, sondern vielmehr geht es darum, sich Zeit zu nehmen für die eigenen Bedürfnisse, um mit der eigenen Gefühlswelt verbunden zu sein. Es ist eine wahre Schatzkiste, die, wenn sie geöffnet wird, viele Chancen und neue Perspektiven

Z. Martus, *Das musikalische Entspannungsbuch für Kinder und Eltern*,
https://doi.org/10.1007/978-3-662-62814-0_3

bringt. Mit Ruhe und Gelassenheit kann diese Begegnung stattfinden und ein Weg zur eigenen Intuition und zum inneren Reichtum gefunden werden.

3.1 Mehr Entspannung in den Alltag integrieren

Im gewohnten Tagesablauf mit all seinen Aufgaben sind kleine Ruheinseln eine wertvolle Bereicherung. Sie helfen, um zu mehr Ruhe und Konzentration zu gelangen (Friebel und Friedrich, 2011). Diese können erlernt und in das alltägliche Leben übertragen werden. Musik ist hier ein empfehlenswertes und hochwertiges Mittel der Wahl. Wie bei vielen Dingen bedarf es jedoch auch einer gewissen Übung. Um den Start und eine anhaltende Umsetzung zu ermöglichen, hilft es, Entspannungsmomente mit Ritualen zu verknüpfen. Denn nur durch Wiederholung kann das Gelernte für uns nutzbar, umsetzbar und lebenslang anwendbar werden.

Beispiel

Andrea ist 38 Jahre alt und hat einen fordernden Beruf. Momentan ist sie sehr überlastet und findet nur noch schwer zur Ruhe. Ihr Alltag ist voller Termine und es fällt ihr nicht leicht, Zeit für sich zu finden. Als ihr ein vergessenes Ritual aus ihrer Kindheit einfällt und sie sich daran zurück erinnert, dass sie bewusst zum Abschalten für kurze Zeit immer ihre Lieblingsmusik angehört hat, greift sie genau auf diese Situation zurück. Andrea ist erstaunt, dass dieses Ritual auch jetzt nach so vielen Jahren sofort Wirkung zeigt und sie dadurch ausspannen und zur Ruhe finden kann.

„Schlechte Gewohnheiten durch gute zu ersetzen, erfordert Geduld und Ausdauer" (Mark Twain).

Wichtig ist, um ein neues Entspannungsritual in den Alltag zu integrieren, nicht gleich abzubrechen, wenn es beim ersten Versuch nicht sofort Wirkung zeigt. Es benötigt mehrere Wiederholungsabläufe, bis neue Gewohnheiten etabliert sind. Fällt es schwer, sich bei der Musik fallen zu lassen, kann Bewegen, Tanzen oder Mitsingen hilfreich sein. Eine Voraussetzung ist hier, den Fokus und die Aufmerksamkeit ausschließlich auf die Musik zu richten.

Tipp

Eine neue Fertigkeit zu erlernen erfordert oft viel Fleiß und Geduld. Ähnlich verhält es sich auch mit Entspannung. Umso mehr Sie Ihre eigenen Ruheinseln im Alltag für sich selbst und für Ihr Kind einbauen, umso leichter wird es fallen, auf diese auch in herausfordernden Situationen zurück zu greifen. Beginnen Sie einfach, kurze, festgelegte Entspannungszeiten einzuplanen.

3.1.1 Die Macht der Rituale nutzen

Definition Rituale

Rituale sind wiederholbare Handlungsabläufe mit deren Hilfe wir eine Insel der Beständigkeit erschaffen können. Diese helfen uns im hektischen Alltag Ruhefelder zu integrieren und geben uns Sicherheit und Verlässlichkeit (Fischedick, 2004).

„Repetition ist die Mutter aller Fertigkeiten" (Marcus Tullius Cicero).

Kinder lernen heutzutage immer weniger Rituale kennen und jene, mit denen sie in Kontakt kommen, werden oft nur teilweise umgesetzt. Es findet eine „Entritualisierung" des Alltags statt, wodurch Orientierungslosigkeit entstehen kann (Rogge, 2017). Sie fühlen sich ohne Rituale oft allein gelassen und wissen nicht woran sie sich halten und stützen können. Rituale bieten jedoch Kindern einerseits ein hohes Maß an

Sicherheit, Verlässlichkeit und Vertrautheit. Andererseits bekommen Eltern hier die Chance, Werte und Normen weiterzugeben.

Diese wiederholenden Abläufe eignen sich hervorragend dafür, dass Kinder zur Ruhe finden und sich auf sich selbst fokussieren (Hüther, 2011). Ein Gefühl von Verbundenheit entsteht bei gemeinsamen Aktivitäten. Sie schenken Geborgenheit, Glück und Erfüllung.

Beispiel

Lena hilft es, dass sie ihren genauen Ablauf des Zu-Bett-Gehens kennt. Erst putzt sie – wenn auch gelegentlich mit Widerwillen – ihre Zähne, denn sie freut sich schon sehr auf die gemeinsame Geschichte mit ihrem Papa. Danach ist es zum Ritual geworden, dass sie selbst ihrer Puppe noch eine Geschichte erzählen darf und sie dann mit einer sanften Musik alleine einschläft. Es tut ihr gut, ihren Papa bei ihr in der Nähe zu wissen. Es schenkt ihr zusätzlich Geborgenheit, dass sie mit ihrer Musik auch selbst in den Schlaf finden kann.

Rituale sind wertvoll

> „Der äußere Halt, den Rituale bieten, ist wichtig für das innere Wachstum" (Rogge, 2010).

Kinder lieben Wiederholungen. Vor allem am Morgen und am Abend sind Rituale sehr hilfreich. Sie geben einen Rhythmus vor und bieten Struktur. Dadurch gliedern sie den Tagesablauf und erleichtern die unterschiedlichen Übergänge. Sie vermitteln ein Gefühl der Regelmäßigkeit und erwecken damit Sicherheit und Freude an einer anhaltenden Ordnung. Angstauslösende Situationen werden von Grund auf entschärft. Rituale haben einen klaren Anfang und ein bewusstes Ende. Sie sind klar aufgebaut und weisen eine bestimmte Reihenfolge und Intention auf. Vor allem jedoch sollten sie wiederholt werden (Fischedick, 2004).

Diese definierten Absichten sind wichtig für jedes Ritual. Sie schaffen es, dass das Ungewohnte alltäglich wird. Es ist hier maßgebend, dass ein spürbarer Wandel stattfindet. So kann das „Zu-Bett-Bringen" beispielhaft dienen. Das Schließen der Vorhänge oder das Aufdecken des Bettes kann mit einfachen Melodien oder Bewegungen und Tänzen begleitet werden. Vor allem kleine Kinder sind hier Meister selbsterfundener Rituale (Ressel, 1995). Essenziell ist hier wieder, dass Bewusstheit in selbst kleine, vermeintlich unbedeutende Handlungen einfließt und sie sich vom Tagesgeschehen differenzieren.

Rituale geben zusätzlich die Chance, alte Gewohnheiten durch neue Verhaltensweisen zu ersetzen. Sie geben Kraft und Mut und machen Lust, neues kennen zu lernen und auszuprobieren.

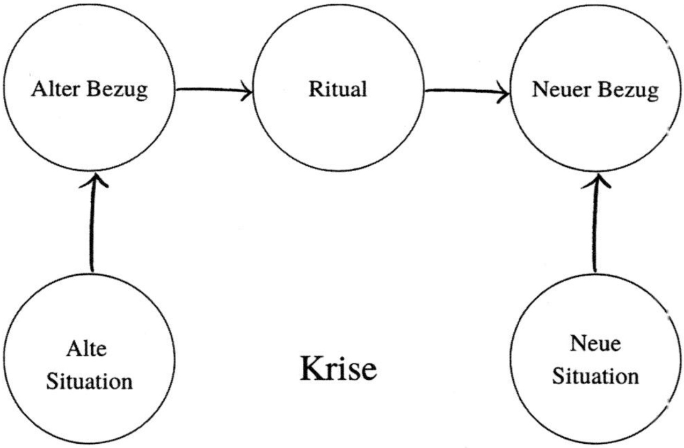

Sie ermöglichen ein neues Umfeld aus einer unerwünschten Begebenheit zu schaffen. Ein stressiger Alltag kann dahin gehend geändert werden, dass zunächst einmal die Situation an sich bewusst wahrgenommen wird. Im Anschluss daran wird eine Handlung gesetzt, indem zum Beispiel eine Pause mit einer wertvollen Ruheinsel ergänzt wird. Das kann etwa durch wenige Minuten Musik hören geschehen. Die Auszeit an sich gewinnt dann als Ganzes. Ist dieser Ablauf fester im Alltag integriert, wird es zu einem neuen Verhalten kommen und damit zu einer neuen Situation. Die Perspektive des stressbehafteten Tagesablaufes wird angepasst. Es hat eine Veränderung zum positiven stattgefunden, die durch Wiederholungen geschaffen wurde.

3.1.2 Beispiel für ein Entspannungsritual

Zunächst ist es wichtig, dass Sie eine bestimmte Tageszeit für ein Ritual festlegen. Auch ein eigener Name darf dafür ausgewählt werden. Hier können Sie erfinderisch sein. Wählen Sie noch eine klare Absicht aus. Für ein Entspannungsritual eignet sich ruhige Musik (vgl. Kapitel „Musik und Entspannung"), die Sie gemeinsam anhören. Sie können auch eine Geschichte vorlesen (vgl. Kapitel „Klanggeschichten: Musikalische Geschichten zum Vorlesen und Lieder (mp3s) zum Anhören") oder selbst eine erfinden. Ihrer Fantasie sind keine Grenzen gesetzt. Probieren Sie aus, was sich für Sie und Ihr Kind gut anfühlt und wo Sie merken, dass es wohltuend wirkt. Sollten die ersten Male nicht wie gewünscht verlaufen, geben Sie nicht gleich auf. Hier ist es wichtig, Geduld zu bewahren. Sie werden die Erfolge bald zu spüren bekommen.

Beispiel

Johanna kommt gleich von der Schule nach Hause und freut sich schon auf ihr Entspannungsritual. Heute durfte sie wieder viel Neues lernen und hat eine Menge an Hausaufgaben aufbekommen. Bevor sie überhaupt daran denken kann, freut sie sich auf ihre eigene Auszeit. Für ihr Ritual hat sie immer ihre gleiche Kuscheldecke, ihr Lieblingsstofftier und eine sanfte Musik, die zum Träumen anregt. Danach malt sie gemeinsam mit ihrer Mama ein Bild. Alle Bilder sammelt sie und bewahrt sie sorgfältig auf. Dafür hat sie eine schöne Traumsammelmappe von ihren Eltern bekommen. Sie liebt diese gemeinsame Zeit mit ihrer Mama. Hier kann sie ganz in Ruhe mitteilen, wie es ihr geht und was sie momentan bewegt. Allein diesen Raum für ihre Gefühle zu bekommen, hilft ihr sehr, entspannen zu können und die Dinge gelassener zu sehen. Nach dem Ritual ist Johanna wieder bereit, sich schulischen Themen zu widmen und fühlt sich auch wieder aufnahmefähig.

Ein klares Ziel setzen

„Ziele zu setzen, ist der erste Schritt um das Unsichtbare in das Sichtbare zu verwandeln" (Robbins, 2004).

Bei Ritualen ist es wichtig und bedeutsam, eine klare Intention zu haben. Hier können folgende Fragen förderlich sein: Was genau soll das Ritual bewirken? Wofür soll es in den Alltag eingebunden werden? Warum ist es vorteilhaft, es durchzuführen? Welche Veränderungen dürfen sich bemerkbar machen, wenn eine neue Gewohnheit entsteht? (zum Beispiel: bemerken Sie, dass Ihr Kind konzentrierter oder gelassener nach dem Ritual ist?) Was werden die Ruheinseln bei Ihnen selbst auslösen?

Tipp

Wählen Sie für Ihr Ritual sorgsam die oben genannten Empfehlungen (Zeit, Absicht, Wiederholungen) aus. Mit einer gewissen Routine wird es dem Kind leicht fallen, auch ohne Ihr Zutun die neue Gewohnheit durchzuführen.

3.2 Musik und Fantasie

> „Einbildung ist eine großartige Sache. Allerdings nur, wenn wir uns die richtigen und vorteilhaften Dinge einbilden." (Easwaran, 2018).

Musik regt die Fantasie an und pflegt gute Gedanken. Denn diese führen zu bestimmten Emotionen und zu daraus resultierenden Handlungen. Umso wichtiger ist es, früh zu beginnen und als Kind schon eine gute Gedankenhygiene zu kultivieren. Hierfür eignet sich das Hören von Musik. Denn dadurch werden die eigenen Träume entfacht und es besteht ein direkter Zugang zum Herzen. Musik und Klang öffnen die innere Welt und die Verbindung zu unserem Selbst.

3.2.1 Fantasiereisen

> „Vorstellungen sind das natürlichste, einfachste und billigste Mittel zur Gesunderhaltung. Und oftmals sind sie auch das wirksamste Mittel." (Lindemann, 2004).

Ausruhen und Entspannung durch Fantasiereisen mit Musik und Geschichten fördern den Weg zu einem zufriedenen und ausgeglichenen Leben (Alavi Kia, 1992). Die Imagination spielt dabei eine wesentliche Rolle und eröffnet ungeahnte Schätze. So berichtet auch der Arzt und Dichter Ernst von Feuchtersleben von der Macht der Vorstellungskraft und geht in seiner Schrift „Diätetik der Seele" genauer darauf ein mit den Worten: „Gebt dem Geiste seine Kraft und tausend Krankheiten sind gelöscht". Diese Imaginationsfähigkeit spielt eine maßgebliche Rolle bei dem Thema Kreativität. Nicht mit permanentem Leistungsdruck eröffnet sich der Weg dahin, sondern mit der Kompetenz, Möglichkeiten in das Jetzt projizieren zu können.

> „Entspannung ist das geächtete Prinzip unserer Zeit, übervolle Terminkalender gelten als chic" (Kia, 1992).

Genau diesem Konzept ist gegenüber zu treten und Kindern beizubringen, dass mit Freude und Leichtigkeit mehr erreicht werden kann, als mit Anspannung und Druck. Natürlich sind äußere Faktoren nicht immer beeinflussbar. Sehr wohl aber die Möglichkeit, die Perspektive und die Sicht auf Dinge zu lenken. Die eigene Wahrnehmung und Einschätzung sind Faktoren, die durchaus gestaltbar sind. Es ist schlicht Ansichtssache, ob in einer Herausforderung ein Problem oder eine Chance gesehen wird. Kinder sind mit einem guten Fundament ausgestattet, wenn äußeren Faktoren gelassener begegnet wird.

Die innere Welt und die Vorstellungskraft kann Stimmung, Verhalten, den Körper und die Selbstheilungskräfte prägen. Alleine dadurch werden Eindrücke erzeugt, die einen positiven Effekt haben. So spielt eine Versuchsperson auf dem Klavier immer wieder eine einfache Fingerübung. Diese Wiederholung hinterlässt nach einiger Zeit Spuren im für diesen Finger zugehörigen Bereich im Gehirn. Faszinierend ist hier, dass genau der gleiche Effekt entsteht, wenn die Versuchsperson allein in Gedanken und in ihrer Imagination diese Übung ausführt (Kretschmar und Tzschaschel, 2014).

> „Die Leidschaften der Seele, die der Fantasie folgen, wenn sie am heftigsten sind, können eine Krankheit des Körpers mit sich bringen oder hinwegnehmen" (Agrippa von Nettesheim).

Fantasiereisen bilden bewusste Orte und Erlebnisse in der Gedankenwelt ab. Als Folge stärken sie zudem das Immunsystem und lassen den Körper entspannen. Vor allem Kinder nehmen dabei ihre Gefühls- und Körperwelt konkret wahr.

Beispiel

Lisa liebt es in den Sommerferien mit ihren Eltern ans Meer zu fahren. Sie nimmt dort besonders den Duft und den Klang des Wassers auf. Hier hat sie nie Sorgen und kann ihren Träumereien unbeschwert nachgehen. Als Lisa wieder zu Hause ihrer Mama davon erzählt, ist diese ganz begeistert. Sie machen sich auf die Suche nach einem Klangbeispiel vom Meer. Dieses nutzen sie jetzt gemeinsam als Entspannungsritual. Sie lauschen den Klängen und lassen dabei ihren Träumen freien Lauf. Das Schöne daran ist, dass die Erlebnisse immer lebhafter werden, je öfter sie sie wiederholen. Danach reden sie noch von ihrer Fantasiereise oder malen ein Bild. Beide sind ganz begeistert, denn durch ihre Vorstellungskraft können sie jederzeit ans Meer reisen und sich entspannen, ohne den Sommer oder den nächsten Urlaub abwarten zu müssen.

Fantasiereisen erzeugen innere Bilder und diese können eine große Macht auf uns ausüben. Sie helfen Sportlern Siege zu erringen, können seelische Verspannungen lösen, sowie Verletzungen und schwere Krankheiten heilen.

3.2.2 Die Macht der Vorstellungskraft

> „Das Glück im Leben hängt von den guten Gedanken ab, die man hat" (Marc Aurel).

Bei einem Experiment mit Studierenden kündigt der Professor an, dass er eine hellgrüne Flasche öffnen wird, die er mitgebracht hat. Er behauptet, dass es sich dabei um eine verdorbene Flüssigkeit handle und ein strenger Geruch sich ausbreiten wird. Die Studenten sollen ein deutliches Zeichen geben, wenn dieser Geruch sie erreicht. Nachdem immer mehr im Hörsaal die Hand heben und sogar drei der Anwesenden Richtung Toilette hinauseilen, lüftet der Professor das Geheimnis. Bei dem Stoff und Inhalt der Flasche hat es sich lediglich um geruchloses Wasser gehandelt (Kretschmar und Tzschaschel, 2014).

Dieses Experiment zeigt deutlich, wie Handlungen durch die Vorstellungskraft bestimmt werden. Aber auch körperliche Reaktionen hervorgerufen durch die Kraft der Imagination sind klar messbar. Sie wirken sich auf die Pulsrate, die Hauttemperatur und die elektrodermale Aktivität (Veränderung der elektrischen Leitfähigkeit der Haut), aus. Es konnte hier zudem bei Kindern eine allgemeine Veränderung des vegetativen Nervensystems herbeigeführt werden (Lee und Olness, 1996).

Beispiel

Stellen Sie sich vor, wie Sie genüsslich in eine saure Zitrone beißen. Merken Sie, was wahrscheinlich passiert? Ihr Gesicht verzieht sich, der Speichelfluss wird angeregt und Sie können das besondere Aroma förmlich schmecken. Das allein erfahren Sie mit der Macht ihrer Vorstellungskraft.

Die Kraft der Vorstellung birgt großen Nutzen in Verbindung mit Musik und Geschichten. Denn mit inneren Bildern kann das Selbstvertrauen der Kinder gestärkt werden. So können Sie in Geschichten zu wahren Helden werden und groß träumen.

„In der Ruhe liegt die Kraft“ (Konfuzius).

Beispiel

Maja hat große Angst vor ihrer nächsten Schulprüfung. Obwohl sie gut gelernt hat, ist sie sehr aufgeregt und nervös. Was ihr hilft, ist sich die Situation immer wieder vorzustellen, wie sie die Prüfung schafft und sie alle Fragen beantworten kann. Sie hört dazu ihre Lieblingsmusik, die sie bestärkt und ihr Ruhe schenkt. Dadurch legt sich ihre Aufregung und es gelingt ihr, sich auch mental auf diese Herausforderung vorzubereiten.

3.3 Die Inspiration von Geschichten

„Die Welt der Imagination wird unterdrückt und die Seele bleibt weinend zurück.“ (Marion Woodman).

Mit Geschichten können wir uns identifizieren, auseinandersetzen und uns inspirieren lassen. Nicht nur Kinder lieben Geschichten, sondern auch Erwachsene. Sie geben Halt, motivieren und vor allem schenken sie eine Auszeit vom Alltag und der äußeren Welt. Es wird ein Raum geschaffen, um Träume und Kreativität auszuleben. Wenn wir diesen Zugang verlieren, fühlen wir uns oft leer und allein gelassen. Lesen und das Vorlesen von Geschichten beflügeln die Fantasie und fördern die Konzentrationsfähigkeit eines jeden Kindes.

Wurde 1992 noch über 50 % der Kinder vorgelesen, hat sich dieser Anteil 15 Jahre später bereits halbiert (Korte, 2009). Doch gerade das Einschlafen wird durch passende Geschichten gefördert. Auch wenn ein Kind krank ist oder sich gestresst fühlt, eignet sich das Vorlesen wunderbar. Es werden Bindungs- und Glückshormone gebildet, was die Genesung beschleunigen kann (Easwaran, 2018). Geschichten und Musik erzeugen hier innere Bilder, die für das Denken, Fühlen und Handeln prägend sind und auch die Entwicklung unterstützen (Hüther, 2011).

„Wer hohe Türme bauen will, muss lange beim Fundament verweilen" (Anton Bruckner).

Beispiel

Roman ist 32 Jahre alt und arbeitet als Industriedesigner. Momentan steht er vor einer herausfordernden Zeit, da er für einen neuen Großauftrag ein passendes Ergebnis finden muss. Er weiß, dass es für jedes Problem eine Lösung gibt und erinnert sich wieder zurück an seine Kindheit. An die Situationen, wo er, wenn er sich überfordert fühlte, sich eine bewusste Auszeit genommen hat. Er hörte dabei seine eigene Musikauswahl, las seine Lieblingsgeschichten und liebte es, sich in andere Welten hineinzuträumen. Roman spielte auch selbst Musik und machte in seiner Auszeit nur das, was ihm selbst gut tat und Freude bereitet hat. Diese Routine möchte er auch jetzt wieder in seinen Alltag einbauen, da er sich sicher ist, dass ihm genau in diesen Ruhemomenten eine kreative Lösung einfallen wird. Als Kind hatte er genau in diesen Momenten die tollsten Ideen und schönsten Fantasien.

„Wir sind, was wir denken. Alles, was wir sind, entsteht aus unseren Gedanken. Mit unseren Gedanken formen wir die Welt" (Buddha).

Literatur

Easwaran, K. (2018). *Das Geheimnis gesunder Kinder. Was Eltern tun und lassen können*. Verlag Kiepenheuer.

Fischedick, H. (2004). *Die Kraft der Rituale. Lebensübergänge bewusst erleben und gestalten*. Kreuz Verlag GmbH & -co.KG.

Friebel V., Friedrich S. (2011). Entspannung für Kinder. Stress abbauen. Konzentration fördern. Mit Entspannungskurs. Hamburg: Rowohlt Taschenbuch Verlag.

Hüther, G. (2011). *Was wir sind und was wir sein könnten*. S. Fischer.

Kia, R. A. (1992). *Stimme. Spiegel meines Selbst. Ein Übungsbuch*. Kampenhausen Verlag.

Korte, M. (2009). *Wie Kinder heute lernen. Was die Wissenschaft über das kindliche Gehirn weiß. Das Handbuch für den Schulerfolg*. Deutsche Verlags-Anstalt.

Kretschmar T., & Tzschaschel, M. (2014). *Die innere Kraft der inneren Bilder nutzen. Seelische und körperliche Gesundheit durch Imagination*. Südwest Verlag.

Lee, L. H., & Olness, K. N. (1996). Effects of self-induced mental imagery on autonomic reactivity in children. *Journal of Development and Behavioral Pediatrics, 17*, 332–327.

Lindemann, H. (2004). *Autogenes Training. Der bewährte Weg zur Entspannung*. Goldmann Verlag.

Preiser, S. (2006). Kreativität. In K. Schweizer (Hrsg.), *Leistung und Leistungsdiagnostik*. Springer Verlag.

Ressel, H. (1995). *Die Macht der Gewohnheit. Von der heilsamen Kraft unser täglichen Rituale*. Kreuz Verlag AG.

Robbins, A. (2004). *Das Robbins Power Prinzip. Befreie die innere Kraft*. Ullstein Buchverlage GmbH.

Rogge, U. (2010). *Eltern setzen Grenzen. Parnterschaft und Klarheit in der Erziehung*. Rowohlt Taschenbuch Verlag.

Rogge, U. (2017). *Kinder brauchen Grenzen*. Rowohlt Taschenbuch Verlag.

4

Von der Theorie zur Praxis: Ruhe fördern durch „kinderleicht" spielbare Instrumente

Die Theorie ist nicht die Wurzel, sondern die Blüte der Praxis

(Ernst von Feuchtersleben)

Was nützt uns all die Theorie, wenn wir diese niemals umsetzen und das Gelesene und Gehörte nicht in unseren Alltag und unser Leben einbinden. Um diesen Schritt zu erleichtern, gibt es in diesem Buch beigelegte Geschichten mit dazu passender Musik, die Sie sofort einsetzen und anwenden können.

„Jede Reise beginnt mit dem ersten Schritt" (Lao Tze).

Beginnen Sie Ihr eigenes Abenteuer mit Ihrer Familie. Eine Reise, die Sie zum Träumen anregt und Ihrer Fantasie freien Lauf lässt. Es bietet eine Chance, sich selbst und Ihr Kind noch besser kennen zu lernen und gibt die Möglichkeit, eine Balance zwischen An- und Entspannung zu finden. Denn unsere inneren Überzeugungen bestimmen unser Denken und Handeln (Hüther, 2015). Diese versuchen wir zu verwirklichen und zu

Z. Martus, *Das musikalische Entspannungsbuch für Kinder und Eltern*, https://doi.org/10.1007/978-3-662-62814-0_4

verfolgen. Wir alle kommen nicht mit einer festen Vorstellung auf diese Welt, sondern sie wird geprägt durch unsere Erfahrungen und Erlebnisse.

> „Die Kinder tun nichts recht gut, als was sie gerne tun, wobei sie ihre Seelenkräfte am besten entwickeln. Hieraus folgt, daß man alles, was sie lernen sollen, so einrichtet, daß sie es gerne tun" (Friedrich August Wolf).

Tipp

Machen Sie mit Ihren Kindern Musik. Singen Sie gemeinsam und gestalten Sie die Entspannungsrituale auch nach Ihren eigenen Wünschen und Vorstellungen.

4.1 Anwendungen der Geschichten

Jede der sechs Geschichten beleuchtet ein anderes Thema und stellt ein oder zwei Instrumente vor. Zusätzlich gibt es Lieder, die zum Zuhören, Mitsingen oder zum aktiven Mitspielen einladen. Es wurden Instrumente ausgewählt, die durch ihre Einfachheit in der Spielweise und durch ihre bezaubernden Klänge überzeugen. Sie werden leicht zu einem unterstützenden Anker im Alltag. Denn unsere Gefühle lassen sich selbst am leichtesten verarbeiten, wenn sie einen musikalischen Ausdruck finden. Der Fantasie sind hier keine Grenzen gesetzt. Probieren Sie aus und experimentieren Sie gemeinsam mit Ihrem Kind. Die Geschichten haben eine optimale Länge für zwischendurch, für ein Morgenritual oder auch als Gute-Nacht-Geschichte. Auch eigene Rituale lassen sich damit wunderbar verknüpfen und verbinden.

So kann aus der Erzählung „Wenn das Meer zu dir kommt" ein Entspannungsritual werden. Hier geht es vor allem darum, eigene Träume wieder zu entfachen. So können Sie die Geschichte gemeinsam lesen, das dazugehörige Lied anhören und im Anschluss noch über die eigenen Träume sprechen und dazu ein Bild malen.

„Wir sollten bereits bei (Vorschul-)Kindern Verhaltensweisen fördern, welche die Resilienz stärken" (Koelsch, 2019).

Mit der Erzählung „Edna und der erste Schultag" kann ein „Selbstvertrauensritual" verbunden werden. Das zugehörige „Mutlied" mit seinem bestärkenden Text bietet hier Unterstützung. Schreiben Sie danach gemeinsam die Stärken des Kindes auf. Vielleicht möchten Sie ja eine Stärkeschatzkiste bauen und die niedergeschriebenen Worte dort als kraftspendende Erinnerungen sammeln. So kann das Kind immer auf etwas zurückgreifen, wenn es zu Herausforderungen und Stresssituationen kommt. Diese Schatzkiste der eigenen Stärken kann bis in das Erwachsenenalter eine wertvolle Stütze sein.

Die Geschichte „Edna und die Klangschalen" lädt dazu ein, diese wunderbaren Instrumente kennen und lieben zu lernen. Die Klangschalen werden auf den Bauch oder Rücken gelegt und mit einem Schlägel sanft angespielt. Durch die Klangvibration können die Kinder die Klänge sofort wahrnehmen und damit noch mehr zur Ruhe kommen. Natürlich können sie auch mit anderen Klängen experimentieren, wenn sie spüren, dass sie ihnen Erholung schenken.

Das Lied zur Erzählung „Das verzauberte Klavier" eignet sich als Morgenritual. Die Rhythmen sind aktivierend und helfen, gut in den Tag zu starten. Das Instrument selbst, das Daumenklavier, kann im Laufe des Tages immer wieder genutzt und angespielt werden. Die Klänge sind sanft und beruhigend, wodurch diese sich für ein Schlafritual einsetzen lassen.

Beispiel: Das Daumenklavier-Ritual

Die siebenjährige Saskia und ihre Mama haben ein ganz eigenes Ritual in den Alltag integriert. Sobald sie von der Schule nach Hause kommt, geht sie ins Wohnzimmer und spielt ihr Daumenklavier. Ihre Mama ist bei diesem Ritual mit einem eigenen Instrument integriert und beiden kommen ohne zu sprechen in einen gemeinsamen und schönen Klangdialog. Es wird zusammen klanglich berichtet, wie der Tag bis jetzt gewesen ist, ohne hier die Sprache zu verwenden. Dieses Ritual hilft auch beiden, bei sich selbst anzukommen. Es schenkt Ruhe und unterstützt dabei, die eigenen Gedanken spielerisch zu ordnen.

Bei der ersten Geschichte „Auf der Suche nach dem Donner und dem Regen“ kommen die Instrumente Donnertrommel und Regenmacher vor. Beide können unterschiedlich eingesetzt werden. Die Donnertrommel ist laut und kräftig, der Regenmacher zart und leise. Sie erinnern an die zwei Seiten der Polarität und das Einbeziehen dieser. Auch Kinder dürfen beispielsweise einmal wütend sein und können die Donnertrommel gut nutzen, um ihren Zorn zu entladen. Es kann ein heilsames Wutritual entstehen, welches zeitlich begrenzt wird. Im Gegensatz dazu kann mit dem Regenmacher ein sanftes Ruheritual verknüpft werden. Der Klang lädt zum Lauschen und Träumen ein.

Die Erzählung „Die Sterne“ dient als Gute-Nacht-Ritual. Die hier vorkommende Elfenklangkugel verzaubert mit ihrem feinen und zarten Timbre und wiegt regelrecht in den Schlaf. Es geht vor allem um die Bewusstwerdung, dass Wünsche und Träume in Erfüllung gehen, wenn sie tief vom Herzen kommen. Die Klänge dürfen so das Kind in den Schlaf begleiten.

Es gilt bei allen Geschichten: seien Sie erfinderisch und kreieren Sie selbst Rituale und weitere Erzählungen. Es ist empfehlenswert, sich die Instrumente zu besorgen oder selbst zu basteln. Sie eignen sich auch besonders gut für eigene Entspannungsrituale. Entdecken Sie mit Ihrem Kind die Experimentierfreude in Ihnen. Die leichte Spielweise ermöglicht diesen spielerischen Zugang.

4.2 Die leicht spielbaren Instrumente

> „Wir lernen am besten, wenn wir uns frei ausdrücken können. Dennoch tut unsere Gesellschaft alles, was in ihrer Macht liegt, um diesen freien Ausdruck zu unterbinden“ (Merritt, 1998).

Die ausgewählten Instrumente sind optimal dafür geeignet, dass sich Kinder frei ausdrücken können. Emotionen, die durch Klänge verarbeitet werden, begünstigen die innere Balance. Sie reduzieren belastenden Druck und Erregung. Kindern fällt es oft nicht leicht, sich mit Worten zu äußern. Sie wissen manchmal gar nicht, was genau sie bedrückt und warum. Musik ist hier ein wunderbares Medium der Kommunikation.

> „Wer Musik nicht liebt, verdient nicht, ein Mensch genannt zu werden; wer sie nur liebt, ist ein halber Mensch; wer sie aber treibt, ist ein ganzer Mensch" (Goethe).

Manchmal fehlt es an Zeit, um ein Instrument auszuüben. Es gibt tolle Instrumente, die keinen großen Aufwand benötigen, um sie zu beherrschen. Sie können sofort gespielt werden, klingen gut und machen gleichzeitig Freude, ohne einem Leistungsdruck ausgesetzt zu sein. Es sind Instrumente, die ein unmittelbares Erfolgserlebnis erzeugen. Jene, die in den folgenden Geschichten vorkommen, sind ebenso einfach zu spielen und leicht in der Pflege und Handhabung.

Erklärung Pentatonik

Alle in diesem Buch vorkommenden Instrumente unterscheiden sich in ihrem Klang. Die vorgestellten Melodieinstrumente, wie das Klangauge oder das Daumenklavier, also Instrumente, die mehrere Töne erzeugen können, unterliegen der Grundlage der Pentatonik. Diese gemeinsame Grundstimmung erzeugt einen wohltuenden Klang, ohne dass für unsere Ohren Dissonanzen wahrgenommen werden.

Definition Pentatonik

Pentatonik ist eine halbtonlose fünftönige Reihe mit drei Ganztönen und zwei kleinen Terzen (DTV-Atlas, 1987).

Die Fünftonreihe hat einen großen Vorteil gegenüber anderen Stimmungen. Dadurch, dass sie keine Halbtöne aufweist und somit Missklänge vermieden werden, wird die Pentatonik oft in der Improvisation verwendet.

Beispiel

Wenn Sie auf dem Klavier nur die schwarzen Tasten drücken, hören Sie ausschließlich pentatonische Töne. Werden nur diese angespielt, klingen Ihre Melodien vielleicht etwas ungewohnt, aber durchaus wohlklingend. Auch viele Kirchenglocken sind in dieser Stimmung angeordnet.

4.2.1 Instrumente vorgestellt

Regenmacher

Der Regenmacher ist verwandt mit der Rassel. Er stammt aus den Andenstaaten Südamerikas, wie Bolivien und Chile. Ursprünglich entstammt das Material aus einem getrockneten Kaktus, dessen Länge zwischen 30 bis 100 cm variiert. Heutzutage ist es ein Stab, der mit kleinen Steinen, Samen- oder Reiskörnern befüllt wird. Dieses Instrument wird mit beiden Händen gehalten und hin- und her bewegt, sodass ein durchgehendes Regengeräusch entsteht. Es fördert die Konzentration, lädt zum Zuhören ein und unterstützt die Entspannung (Decker-Voigt und Weymann, 2009). Der Regenmacher wurde früher vor allem in Zeremonien eingesetzt, um den Regen einzuladen und herbeizurufen.

Tipp

Sprechen Sie mit Ihrem Kind über den Regen. Welche Verbindungen hat Ihr Kind zum Regen? Welches Gefühl hat Ihr Kind, wenn es regnet? Nach dem gemeinsamen Austausch, gibt es noch ein „Regenkonzert". Hier wird abwechselnd gespielt. Das Kind für die Eltern und umgekehrt.

Donnertrommel

Die Donnertrommel ist ein sehr leicht spielbares Instrument. Durch sanftes Schütteln wird die nach unten hängende Feder zum Schwingen und Klingen gebracht. Durch das hin- und her schwenken werden authentisch klingende Donnergeräusche erzeugt, die in der

Lautstärke variieren können. Entwickelt wurde sie im Jahre 1957 von dem in Amerika gegründeten Unternehmen Remo. Es ist ein außergewöhnliches Percussion-Instrument und einfach in der Handhabung (Hofmann, 2020).

Tipp

Die Donnertrommel kann wunderbar in ein Ruheritual eingebunden werden. Wenn der Donner erklingt, ist es eine Minute still im Raum. Die Augen können dabei geschlossen werden. Nur wer es wirklich schafft, diese Minute durchzuhalten, ist der Donnerkönig.

Klangauge
Das Klangauge ist eine Neuentwicklung und Alternative zu den Instrumenten wie der Hang oder Caisa. Der Timbre des Klangauges ist warm, obertonreich, harmonisch und stimmungsvoll. Mit seiner handlichen Größe ist es transportabel und stets spielbereit. Es handelt sich in seiner Funktion um eine Schlitztrommel aus Metall. In der oberen der zwei fest miteinander verbundenen Halbschalen wurden mehrere Klangzungen herausgearbeitet, die mit den Händen oder mit Schlägeln gespielt werden. Die Töne sind weich, sanft und wirken auf uns sehr beruhigend (Künstler, 2020).

Tipp

Schließen Sie die Augen und lassen Sie sich jetzt nur von den Klängen führen. An welchen Ort werden Sie vom Klangauge entführt? Gönnen Sie sich fünf Minuten Zeit, kehren Sie danach wieder sanft zurück. Bewegen Sie Ihre Zehen und Hände, strecken und räkeln Sie sich anschließend genussvoll.

Elfenklangkugel
Diese Kugel ähnelt der Qigongkugel sehr. Es handelt sich um eine Metallkugel, die durch schütteln und leichte Bewegungen einen feinen, zarten Klang erzeugen kann. Sie eignet sich hervorragend für Hand,-Rücken und Fußmassagen und kann vielfältig eingesetzt werden. Viele

Kinder erinnert dieser Klang an Sternenstaub, weshalb sich die Elfenklangkugel besonders für ein Wunsch- oder auch als Einschlafritual eignet.

Tipp

Wie sehen Sterne aus? Welche Farbe haben sie? Wie klingt ein Stern? Das Kind darf zu Beginn seinen eigenen Stern malen. Das Bild wird in die Mitte gelegt und es beginnt das Sternenkonzert. Während alle der Elfenklangkugel lauschen, darf es sich jeder so richtig bequem machen. Nach einer gewissen Spielzeit massieren die Eltern mit der Kugel den Bauch und die Füße. Zum Abschluss und bevor der Stern wieder geht, darf sich das Kind etwas wünschen.

Meerestrommel

Die Meerestrommel ist eine moderne Variante des Regenmachers. Das Instrument ist eine zweifellige Rahmentrommel, die im Innenraum mit kleinen Metallkugeln gefüllt ist und mit einem Kunststoff bespannt wird. Bei einer waagrechten Bewegung und einem leichten hin- und herschaukeln der Trommel, ergibt sich ein intensiver Klang, der dem Meeresrauschen sehr nahe kommt. Die Meerestrommel gehört zu den einfachen und leicht spielbaren Instrumenten (Decker-Voigt und Weymann, 2009). Durch den rhythmisierenden Klang hat die Meerestrommel eine sehr beruhigende Wirkung. Das Meeresrauschen lässt sofort innere Bilder entstehen und eignet sich dadurch hervorragend für Fantasie- und Traumreisen.

Tipp

Sprechen Sie mit Ihrem Kind über das Meer. Welche Verbindungen hat es darüber? Sind vielleicht Erinnerungen damit verknüpft? Nach dem gemeinsamen Austausch darf es sich entweder im Sitzen oder Liegen gemütlich machen und die Augen schließen, während der Meerestrommel gelauscht wird. Danach wird über das Erleben gesprochen und falls erwünscht, ein Bild dazu gemalt.

Kalimba oder Daumenklavier

Dieses Instrument gehört zu der Instrumentengruppe der Lamellophonen. Diese stammen traditionell aus der afrikanischen und afroamerikanischen Kultur. Die Kalimba besteht aus einzelnen, eisernen Lamellen, die sogenannten Metallstäbe, die an einem kleinen Brett befestigt sind. Diese werden mit den Daumen gezupft. Aus diesem Grund ist auch der Name „Daumenklavier“ entstanden. Es gibt eine Vielzahl an unterschiedlichen Größen und die Anzahl der Lamellen kann dabei sehr variieren. Daraus ergibt sich der Klang und die Vielfalt der einzelnen Töne (Schramm et al., 2006).

Tipp

Das Daumenklavier wird als festes Ritual zwischendurch in den Alltag integriert. Zu einer bestimmten Tageszeit gibt es einen Ort und einen Raum, wo es zu einem Klangdialog kommen darf. Dabei soll möglichst auf verbale Konversation verzichtet werden.

Klangschale

> „Einfach einer Klangschale zu lauschen, einem einzigen angeschlagenen Ton, kann uns entspannen und gleichzeitig die Konzentration fördern“ (Friebel und Friedrich, 2011).

Klangschalen eröffnen die stillen und feinen Räume in uns. Diese Instrumente haben eine sehr lange Tradition. So wurden klingende Bronzeplatten in China bereits im zweiten Jahrhundert vor Christus verwendet (Decker – Voigt, Weymann 2009). Später folgten Schalen aus unterschiedlichen Metallen. Sie dienten zunächst als Opfer- und Essensschalen. Klangschalen haben sich besonders im Großraum des Himalayas verbreitet und den Weg bis nach Japan und Südostasien gefunden. Die europäische Kirchenglocke ist mit diesem Instrument verwandt. Ab dem sechsten Jahrhundert nach Christus gelang sie auch in den europäischen Raum. Die Klangschalen, die heute verwendet werden, werden aus Metalllegierungen hergestellt, unter anderem bestehen diese aus Kupfer, Zinn, Zink, Wismut, Eisen, Blei, Quecksilber und Gold (Silber et al.,

2007). Sie können entweder gehämmert, getrieben, gegossen oder nachgeschliffen sein. Jede Klangschale besitzt einen Grundton und je nach Art und Spielweise können bis zu fünf unterschiedliche Obertöne mitklingen. Jene, die in den Geschichten vorgestellt werden, sind mit einem Schlägel sanft anzuschlagen. Dieser Klang ist zart, einzigartig und fein. Das Besondere an den Schalen ist, dass sie lange ausklingen und der Körper die Klänge direkt spüren kann. Dadurch kommt es zusätzlich zu Ruhe und Konzentration.

Tipp

Legen Sie die Klangschalen auf unterschiedliche Stellen am Körper, wie zum Beispiel auf den Bauch oder die Beine. Wie fühlt sich der Klang an? Kann er am Körper erspürt werden? Lauschen Sie solange, bis der Ton in der Stille verklingt.

4.2.2 Der nutzvolle Effekt vom Musizieren

> „Gefühle sind die Werkzeuge zur Wartung von Körper und Seele" (Sher, 2011).

Musik, Tanz und Malen eignen sich gut, um mit der Gefühlswelt in Kontakt zu treten. Dies ist wichtig, um Emotionen auszudrücken und diesen Raum zu geben. Die Ergebnisse der Langzeitstudie des Musikpädagogen Hans Günter Bastian belegen, dass der Umgang mit Musik positive Auswirkungen auf die intellektuellen und sozialen Fähigkeiten der Kinder hat. Es steigt darüber hinaus die Lern- und Leistungsmotivation durch das Singen und Musizieren an. Auch die Konzentrationsfähigkeit wird alleine durch das bewusste Anhören von bestimmter Musik gefördert. Das Spielen eines Instruments unterstützt zudem die Feinmotorik, die Koordination und das räumliche Vorstellungsvermögen (Bastian, 2000).

Es geht aber primär nicht um Leistungsdruck oder ob ein Instrument perfekt beherrscht wird. Sondern darum, die positiven Auswirkungen von Musik und Klängen zu erfahren, durch musizieren und singen

– ganz ohne Perfektion. Das Ausprobieren erlaubt auch sein persönliches, kreatives Entdeckungsfeld zu erkunden, um sich frei entfalten zu können. Es ist ein geeignetes Medium, um sich alles von der Seele zu spielen.

> „Als Kind ist jeder ein Künstler. Die Schwierigkeit liegt darin, als Erwachsener einer zu bleiben“ (Picasso).

4.2.3 Freies Improvisieren ganz ohne Noten

> „Deine Worte lügen und verführen, der Klang ist jedoch ehrlich“ (Perls, 1981).

„Ich bin nicht musikalisch!“ Diesen Satz hören wir oft. Vor allem von Erwachsenen, die vielleicht irgendwann eine Erfahrung gemacht haben, die ihnen vermittelt hat, dass sie am besten die Finger von Musik lassen sollten. Doch das ist nicht die Tatsache. In jedem Menschen ruht ein Empfindungsvermögen für Musik. Allein unsere Sprache ist durch Rhythmus, Klang und Tonfolgen geformt und genauso verhält es sich auch in der Musik. Das freie Ausdrücken der Klänge ohne fixe Regeln und Konventionen erlaubt hier einen spielerischen, ungezwungenen Zugang. Bei der Improvisation gibt es kein richtig und falsch. Alle Töne, alle Melodien sind erlaubt und dienen dem eigenen Ausdruck und Klang. Aus diesem Grund ist sie sehr befreiend und eine wahre Schatzkiste. Wir begeben uns in ein Erkundungsfeld, wo Rhythmus, Klang, Melodie und Dynamik als Ausdrucksmittel der inneren Gefühlslandschaft dienen und Blockaden aufgespürt werden (Weber, 2001).

> „Improvisation ist die Seele eines guten Gesprächs“ (Max Beerbohm).

Improvisation ermöglicht, dass wir Kinder einen Ausdrucksraum geben, um die eigene Gefühlswelt zu verarbeiten. Dieser Vorgang muss nicht bewusst geschehen. Allein schon die Tatsache, dass sie dieses freie Spiel für sich entdecken und ausprobieren, reicht, um etwas Neues entstehen zu lassen und bietet die Chance, dass Emotionen sich äußern können.

Erst die Akzeptanz dessen was ist, kann zu einer Veränderung führen. Wichtig ist, dass jede Emotion erlaubt ist, auch zum Beispiel Wut. Wird dieses Gefühl lange und oft unterdrückt, kann es zu depressiven Phasen oder Verstimmungen kommen und das Auftreten von weiteren psychosomatischen Beschwerden begünstigen (Mansel und Kolip, 1996). Oft bekommen wir schon als Kind beigebracht, dass Wut ein negatives Gefühl ist und nicht erlaubt ist. Wir sind keine „braven Kinder", wenn wir wütend sind. Hier könnte ein Wutritual integriert werden und mit Klang und einem Instrument ausgelebt werden. Freies Improvisieren mit Musik ist ein optimales und kraftvolles Medium, welches wir nutzen können.

Mit den vorgestellten Instrumenten, lässt es sich sehr leicht improvisieren. Sie können jedes Thema für die Improvisation festlegen, zum Beispiel Wut. Wie klingt Wut für Sie und für Ihr Kind? Welche Töne übermitteln Wut am besten? Experimentieren Sie selbst damit und ermutigen Sie auch Ihr Kind dazu, mit unterschiedlichen Klängen zu kommunizieren.

4.3 Mut zum Singen

> „Schon ein ganz kleines Lied kann viel dunkel erhellen" (Franz von Assisi).

Singen hat mehrere positive Auswirkungen auf uns Menschen. Es stärkt die Endorphin- und Dopaminproduktion (körpereigene Opiate) im Gehirn. Diese wirken auf uns schmerzstillend und stimmungsaufhellend (Bossinger, 2006). Es werden unterschiedliche Netzwerke aktiviert und miteinander verknüpft. So kommt es zu einer Anregung emotionaler Zentren und einer gleichzeitig positiven Bewertung der dadurch ausgelösten Gefühle. Das Singen wird also mit einem lustvollen, glücklichen und emotionalen Zustand verknüpft (Hüther und Hauser, 2012). Der Erwerb sozialer Kompetenzen (Rücksichtnahme, Einfühlungsvermögen, Selbstdisziplin, Verantwortungsgefühl) wird gleichwohl unterstützt. Grundsätzlich ist das unbekümmerte und absichtslose Singen Balsam für die Seele der Kinder. Sie sind noch frei in ihrem eigenen musikalischen Ausdruck und beurteilen nicht, ob ihre Stimme schön und geeignet zum Singen ist. Kinder tun es unmittelbar und erfreuen sich daran. Äußere Bewertungen wie, „das klingt aber nicht schön“, sind hier hemmend für eine freie Entfaltung.

> „Durch Singen kann der Mensch seine psychische und physische Gesundheit nachhaltig positiv beeinflussen“ (Adamek, 2009).

Kindergartenkinder, die in ihrem Alltag viel singen, entwickeln sich allgemein positiv auf verschiedenen Ebenen. Zudem kann Singen ein entscheidender Faktor sein, um Angst konstruktiv in eine optimistische Lebenshaltung zu transformieren. Denn bei der Ausübung werden hier viele somatische Auslöser der Angst ausgeschaltet (Adamek, 2009).

Tipp

Trauen Sie sich und singen Sie gemeinsam mit Ihrem Kind. Hier gibt es kein richtig und kein falsch und Leistungsdruck ist hier fehl am Platz. Singen entspannt und beruhigt, vor allem wenn es keiner Absicht folgt. Die Lieder im Buch sind zum Mitsingen gedacht und helfen, das Singen in den Alltag zu integrieren.

> „Die menschliche Stimme ist ihrem Ursprung und Wesen nach Ausdruck des Seelischen, sie führt also den Menschen zu sich selbst und zugleich über sich selbst hinaus“ (Kia, 1992).

4.4 Es geht los

> „Sag es mir und ich werde es vergessen. Zeig es mir und ich werde es vielleicht behalten. Lass es mich tun und ich werde es können“ (Konfuzius).

Die in diesem Buch vorgestellten Instrumente ermöglichen die ersten Schritte auf dem Weg zu mehr Freude in der Musik. Die einfache

Handhabung und leichte Spielbarkeit schenken ein unmittelbares Erfolgserlebnis und erwecken gleichzeitig eine innere Motivation für das Experimentieren und Probieren.

> „Wer mit dem Bewusstsein aufwächst, dass Musikmachen zum Feiern und zum Leben gehört, wird auch später als Jugendlicher und als Erwachsener keine Hemmungen und Schwellenängste haben, sich musikalisch auszuleben: in einer Band, in einem Chor oder im privaten Umfeld mit seiner Stimme oder mit einem Instrument" (Lehmann, 2010).

Tipp

Lassen Sie Ihr Kind einfach mit Instrumenten spielen und experimentieren. Bewerten Sie nicht, ob es schön klingt oder das Instrument richtig gehalten wird. Kinder finden ihren eigenen Weg zum musikalischen Ausdruck. Lassen Sie sie unabhängig agieren und geben Sie ihnen die Chance für diese Kreativität, ohne Einschränkungen. Denn gerade das freie Spielen mit Klang lässt den eigenen Ausdruck entfachen.

Die Geschichten unterstützen, den Alltag zu strukturieren und der Musik noch mehr Raum zu geben. Entdecken Sie, was Ihnen und Ihrem Kind gut tut, um Ruhe und Ausgeglichenheit zu etablieren. Machen Sie mit Ihrem Kind eigene Erfahrungen und lernen Sie sich dadurch selbst besser kennen. Erstellen Sie auch Ihre eigenen Konzepte und Meinungen über Musik. Kreieren Sie Entspannungsmomente und erleben Sie die wundervolle Wirkung von Musik. Dieses Buch möchte Anregungen geben, Sie aber auch dazu ermutigen, Ihren eigenen Weg zur Musik zu beschreiten.

> „Auch der weiteste Weg beginnt mit dem ersten Schritt" (Konfuzius).

Tipp

Für jedes der im Buch vorgestellten Instrumente gibt es eine eigene, gesprochene Anleitung für die Handhabung und Spielweise. Zusätzlich begleitet jede Geschichte ein eigenes Lied. Alle ergänzenden Inhalte bekommen Sie über die erstellten QR-Codes sowie über den Springer Nature YouTube–Kanal.

„Solange deine Kinder klein sind, gib ihnen Wurzeln, wenn sie größer werden, schenk` ihnen Flügel" (Khalil Gibran).

Literatur

Adamek, K. (2009). Singen ist zukunftsweisend https://karladamek.de/wp-content/uploads/2018/09/Singen-ist-zukunftsweisend.pdf. Zugegriffen: 17. Juli. 2020.

Bastian, H. G. (2000). *Musik(Erziehung) und ihre Wirkung. Eine Langzeitstudie an Berliner Grundschulen*. Schott Musik International.

Bossinger, W. (2006). *Die heilende Kraft des Singen*. Traumzeit-Verlag.

Decker-Voigt, H. H., & Weymann, E. (2009). *Lexikon Musiktherapie* (2 Aufl., überarbeitete und erweiterte Auflage). Hogrefe Verlag GmbH & Co.KG.

DTV-Atlas zur Musik. (1987). *Tafeln und Texte. Systematischer Teil. Historischer Teil: Von den Anfängen bis zur Renaissance* (Bd. 1). Deutscher Taschenbuch Verlag GmbH u. a.

Friebel, V., & Friedrich, S. (2011). *Entspannung für Kinder. Stress abbauen. Konzentration fördern. Mit Entspannungskurs*. Rowohlt Taschenbuch Verlag.

Hofmann, H. (2020). *Experimentis. Physik für alle*. https://www.experimentis.de/physikalisches_spielzeug/donnertrommel-oder-thunder-drum/. Zugegriffen: 16. Juli. 2020.

Hüther, G., & Hauser, U. (2012). *Jedes Kind ist hochbegabt. Die angeborenen Talente unserer Kinder und was wir aus ihnen machen*. Albrecht Knaus Verlag.

Hüther, G. (2015). *Die Macht der inneren Bilder. Wie Visionen das Gehirn, den Menschen und die Welt verändern*. Vandenhoeck & Ruprecht GmbH & Co. KG.

Kia, R. A. (1992). *Stimme. Spiegel meines Selbst. Ein Übungsbuch*. Kampenhausen Verlag.

Koelsch, S. (2019). *Good Vibrations. Die Heilende Kraft der Musik*. Ullstein Buchverlage GmbH.

Künstler, J. (2020). Klangauge. https://klangauge.de/. Zugegriffen: 15. Juli. 2020.

Lehmann, C. (2010). *Der genetische Notenschlüssel. Warum Musik zum Menschsein gehört*. Herbig Verlagsbuchhanldung GmbH.

Mansel, J., & Kolip, P. (1996). Wohin mit der Wut? Eine geschlechtsspezifische Analyse zum Zusammenhang zwischen aggressiven Gefühlen, Gewalt und psychosomatischen Beschwerden im Jugendalter. *Soziale Probleme, 7*(2), 94–111. https://nbn-resolving.org/urn:nbn:de:0168-ssoar-247633.

Merrit, S. (1998). *Die heilende Kraft der Musik. Eine Entdeckungsreise zu mehr Kreativität und Lebensenergie durch Musik*. Kösel – Verlag.

Perls, F. S. (1981). *Gestalt-Wahrnehmung – Verworfenes und Wiedergefundenes aus meiner Mülltonne*. Verlag für Humanistische Psychologie.

Sher, B. (2011). *Ich könnte alles tun, wenn ich nur wüsste, was ich will*. dtv Verlagsgesellschaft.

Schramm, H., Schwarte L., & Lazardig J. (2006). *Instrumente in Kunst und Wissenschaft. Zur Architektonik kultureller Grenzen im 17. Jahrhundert*. Walter de Gruyter GmbH & Co. KG.

Silber, O.-H., Hess, P., & Hoeren, J. (2007). *Klangtherapie. Wege zur inneren Harmonie*. Traumzeit- Verlag.

Weber, H. (2001). *Aspekte der Musiktherapie und die freie musikalische Improvisation in der Supervision. Hausarbeit und Referat im Rahmen der Weiterbildung Supervision/ Praxisberatung*. Universität.

5 Klanggeschichten: Musikalische Geschichten zum Vorlesen und Lieder (mp4s) zum Anhören

5.1 Darf ich vorstellen?

Fidelis

Fidelis ist ein starker und schlauer Elefant. Er hat immer eine Idee und findet eine passende Lösung. Der liebe Elefant ist hilfsbereit, lustig und der beste Freund von Edna.

Z. Martus, *Das musikalische Entspannungsbuch für Kinder und Eltern*, https://doi.org/10.1007/978-3-662-62814-0_5

Edna

Edna ist ein mutiges Mädchen. Sie liebt Abenteuer, Klänge und Melodien. Gemeinsam mit ihrem besten Freund lernt sie unterschiedliche Instrumente kennen, die sie alle in ihr Herz schließt.

Duna Donnertrommel

Duna Donnertrommel ist eine wilde und laute Trommel. Gerne macht sie Krach und lässt einen lauten, aber auch mal einen leisen Donner erklingen. Sie liebt es, sich hin- und her zu bewegen. Es bedarf nur eines einzigen Lauts, und schon zieht sie alle Aufmerksamkeit auf sich.

Rudi Regenmacher

Rudi Regenmacher macht einen ganz besonderen Regen. Je nachdem wie seine Laune ist, hört sich sein Regen anders an. Er weiß, dass der Regen nützlich für die Welt ist und er liebt es, dass seine Arbeit so einen großen Wert hat.

Mala Meerestrommel

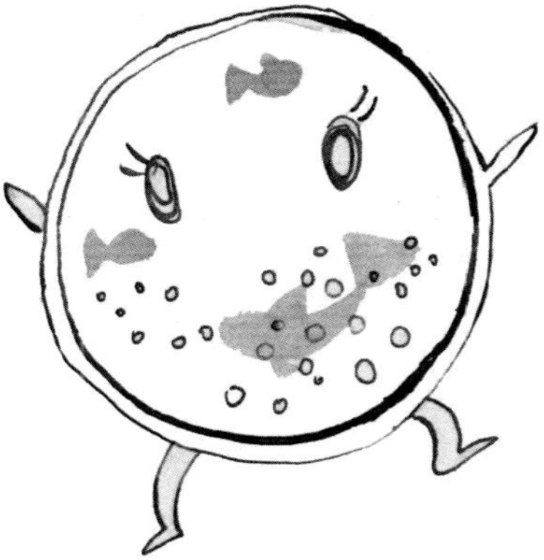

Mala Meerestrommel liebt es, andere zu bespielen. Sie weiß, dass ihr Klang beruhigend ist, wie das Meeresrauschen. Die Menschen fangen an zu träumen, wenn sie Mala Meerestrommel zuhören.

Elfi Klangkugel

Elfi Klangkugel lernt gerne und ist stets sehr mutig, wenn es darum geht, Neues auszuprobieren. Mit ihren Zauberklängen kann sie vieles bewirken, wie zum Beispiel in den Schlaf wiegen oder trösten. Auch kann man sich etwas wünschen, wenn Elfi Klangkugel erklingt.

Klara Klangauge

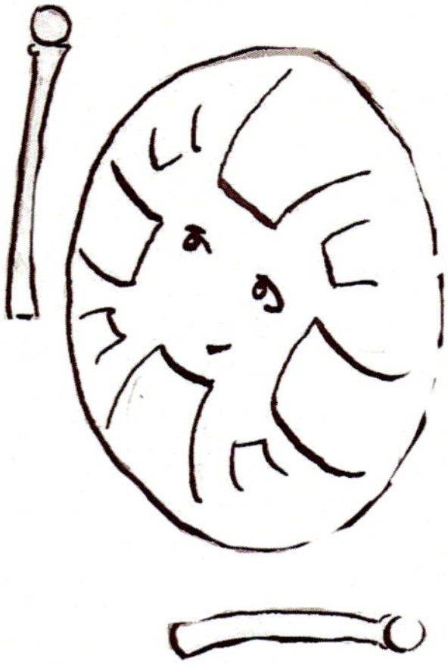

Klara Klangauge hat einen weichen und sanften Klang. Die Menschen hören ihr gerne zu und entdecken mit ihrer Hilfe ihre Kreativität wieder. Klara Klangauge möchte, dass jeder Mensch an sich glaubt und genau das im Leben macht, was ihm Freude bringt – nur so können alle glücklich sein.

Das Daumenklavier

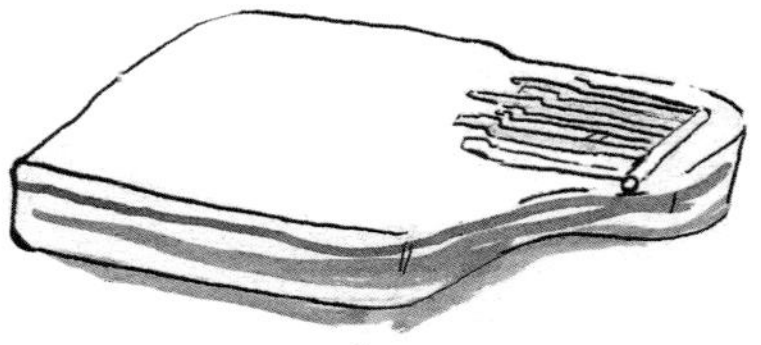

In der Einfachheit liegt die Kraft. So liebt es das Daumenklavier, wenn es erklingen darf. Oft wird es am frühen Morgen und am Abend gespielt. So hat es auch schon erlebt, dass es im Raum ganz ruhig wird, wenn es erklingt, da die weichen Töne so beruhigend sind.

Mina Maus

Mina Maus gibt ihren Traum nicht auf, endlich auch ein Instrument spielen zu können. Leider sind die meisten Instrumente für sie zu groß…

Ding Dang Dong

Ding, Dang und Dong sind Geschwister und gehören zusammen. Sie profitieren von ihrer Unterschiedlichkeit und können voneinander lernen. So hat jeder seinen eigenen Ton. Zusammen klingen sie wie ein Chor mit einzigartigen Klängen.

5.2 Auf der Suche nach dem Donner und dem Regen

Edna steht erwartungsvoll vor dem Fenster. Am dunklen Himmel leuchten bereits die ersten großen Blitze auf. Edna freut sich jedes Mal, wenn es ein Gewitter gibt. Sie liebt es, wenn Regentropfen gegen die Fensterscheibe prasseln und wie aus dem Nichts die Blitze zucken. Dann zählt sie die Sekunden bis der Donner kommt – je lauter, desto besser!

Da! Ein riesengroßer Blitz! Der muss ganz nah sein! Edna beginnt zu zählen: „Eins, zwei drei vier, fünf, sechs, sieben, acht, neun, zehn, elf, zwölf, dreizehn, vierzehn…" „Seltsam", denkt sich Edna, „es müsste doch schon längst gedonnert haben." Da fällt ihr auf, dass sie bisher noch gar keinen einzigen Donner gehört hat. Sie wartet… hier ein Blitz, dort ein Blitz – alle ganz nah und richtig groß. Aber nicht einmal ein Donner! Und regnen tut es auch nicht! Was für ein komisches Gewitter.

Edna ruft aufgeregt nach ihrem besten Freund: „Fidelis! Komm schnell her! Warum donnert es nicht? Und Regen ist auch keiner da!“ Gemütlich kommt Fidelis angetrampelt. Edna hat sehr viel Glück, da Fidelis nicht nur ihr bester Freund, sondern auch ihr bester Nachbar ist. Der schlaue Elefant weiß immer Rat.

> „Ich habe mich auch schon gewundert, Edna. Für den Donner ist die gute alte Duna Donnertrommel zuständig. Und den Regen macht seit jeher der schrullige Rudi Regenmacher. Die beiden wohnen auf dem Wolkenberg. Komm, spring auf – wir müssen sie unbedingt fragen, was los ist!“

Edna macht es sich auf dem Rücken von Fidelis bequem und beide flitzen auf und davon.

Doch am Fuße des Berges müssen sie stehen bleiben. Fidelis versucht mit aller Kraft, den Berg hinaufzukommen – aber keine Chance, der Berg ist viel zu steil.

Da hören die beiden ein leises Flüstern: „Schsch, schhhhsch. Hallo ihr zwei! Gut, dass ihr da seid. Duna und Rudi brauchen eure Hilfe. Wir sind die Wolken des Wolkenbergs und wir helfen euch, hinaufzukommen. Fidelis, spring einfach auf uns drauf. Wir tragen euch nach oben."

Edna und Fidelis schauen sich strahlend an. Wolken haben ihnen bisher noch nie geholfen.

Oben angekommen wollen sich die beiden Freunde bei den Wolken bedanken, aber ehe sie sich versehen, lösen sich die Wolken bereits in Luft auf. Zum Vorschein kommen: Duna und Rudi. Die beiden sehen sehr traurig aus.

„Duna! Rudi!“ Fidelis ist sehr besorgt. „Was ist los mit Euch? Warum gibt es keinen Donner und keinen Regen?“

„Pfff!“, macht die alte Duna Donnertrommel. „Warum soll ich donnern, wenn doch alle Kinder Angst vor mir haben. Da bemühe ich mich so sehr, einen schaurig schönen Donner zu erzeugen, aber keiner mag mich.“ „Genau“, redet Rudi Regenmacher ganz aufgewühlt dazwischen. „Und wenn es regnet, beschweren sich alle immer nur, dass die Sonne gerade nicht scheint. So macht das keinen Spaß!“ „Ganz genau“, bekräftigt Duna Donnertrommel noch einmal. Beide schauen traurig und mürrisch auf den Boden.

Edna schaut die beiden liebevoll an. „Aber ich liebe schaurig schönes Donnergrollen! Ohne Donner ist es doch kein richtiges Gewitter! Und wie traurig wäre ich, wenn ich nie wieder im Regen tanzen könnte!“

„Genau! So sehe ich das auch“, bekräftigt Fidelis. „Wir brauchen euch beide. Ohne Donner hätten wir diesen wunderbaren lauten Klang nicht mehr. Ich liebe den Donner, da fallen mir immer die besten Geschichten ein. Wie gern kuschel ich mich da unter meine große Elefantenbettdecke und lausche dir Duna!“

„Ja, genau!“, stimmt Edna ein. „Ohne dich Rudi könnten wir uns nicht abkühlen, wenn es im Sommer zu heiß ist. Außerdem macht uns der Regen ruhiger. Wenn es regnet, kann man es sich so richtig gemütlich machen“, fährt Fidelis fort.

Duna und Rudi schauen sich überrascht an. Es tut so gut, ermuntert zu werden.

„Meint ihr das wirklich so?“, fragt Duna. Sie ist noch nicht ganz überzeugt von den Worten der beiden.

„Ja, natürlich“, erwidern Fidelis und Edna warmherzig.

Edna beginnt ein Lied für die beiden zu trällern:

Lied Auf der Suche nach dem Donner und dem Regen

Ohne Donner, ohne Regen,
was würde es dann geben?
Kein Regenprassel, kein Donnerschlag
das wär' aber wirklich fad.

Zusammen macht ihr Krach (Donner und Regen erklingen).
Es plätschert
und es wird nass, nass, nass.

Mit Donner und Regen
lässt's sich bunter leben.
Auch ein Gewitter gehört dazu.
Dann tanzen wir ganz wild, juhu!

Zusammen macht ihr Krach (Donner und Regen erklingen).
Es plätschert
und es wird nass, nass, nass.

Mit Donner und Regen
kann ich mich hinlegen.
Hinein in die Badewanne
sofort ich entspanne.

Zusammen macht ihr Krach (Donner und Regen erklingen)
Es plätschert
und es wird nass, nass, nass.

Und mit dem Lied beginnen der Donner und der Regen gemeinsam zu tanzen. Beide sind so voller Freude, dass sie ihr Bestes geben und laut erklingen: Duna macht einen richtig lauten, schaurig schönen Donner und Rudi beginnt erst mit leichten Regentropfen, lässt sie dann immer mehr und lauter werden. Die beiden Wettermacher sind ganz in ihrem Element und voller Glück.

Fidelis lässt sich von der Freude der beiden anstecken und stimmt mit einem Trompetensolo ein. Und während es regnet, donnert und trompetet, lacht Edna laut aus vollem Herzen.

Hier oben auf der Bergspitze kann sie sehen, wie ganz unten die Menschen im Regen tanzen.

„Jeder hat eine bestimmte Aufgabe im Leben und wenn er diese gefunden hat, ist es pure Freude. So donnert Duna Donnertrommel, Rudi Regenmacher lässt es regnen, Fidelis hilft wo er kann und ich… ich werde es noch herausfinden.

5.3 Wenn das Meer zu dir kommt

Endlich Sommerferien! Darauf hat sich Edna schon so lange gefreut. Eigentlich wollten ihr liebster Elefantenfreund Fidelis und sie ans Meer fahren, aber nun ist er krank. Ein richtig fieser Sommer-Elefantenrüssel-Schnupfen hat ihn erwischt. „Was ist denn schon ein Sommer ohne Meer?“, denkt sich Edna traurig.

Während sie da so sitzt und ihren Gedanken nachhängt, hört sie plötzlich ein lautes Geräusch. „Was ist denn das? fragt sie sich ganz verwundert. „Klingt das nicht wie Meeresrauschen?" Edna ist verwirrt. Sie schüttelt ihren ganzen Körper, um zu überprüfen, ob sie immer noch träumt. Es hört sich tatsächlich so an, als wären die Wellen ganz nah. Ihr Herz macht einen Sprung. Sie hört noch einmal ganz genau hin. Das Geräusch kommt aus dem Garten. Edna muss sofort nachschauen.

Dort unter dem Kastanienbaum, da liegt ein seltsames rundes Ding.

„Aber hallo! Wer bist denn du? Und wie kann ein so kleines Ding so laut sein?" fragt Edna verwundert.

„Ich bin Mala, die Meerestrommel."

„Eine Meerestrommel!" Edna ist entzückt. „Wo nimmst du bloß all deine Kraft her?"

„Ich bin zwar klein, aber kann so richtig laut und stark sein, wenn ich will!" lacht die kleine Trommel. „Lass dich nicht davon täuschen, wie groß etwas im Außen ist. Es kommt immer darauf an, wie du dich im Innern gerade fühlst."

Edna nickt und lacht zurück: „Das stimmt, mein Elefantenfreund Fidelis ist viel größer als ich. Aber wenn er eine Spinne sieht, bibbert er vor Angst. Wenn ich die Spinne dann für ihn verscheuche, bin ich innerlich auf einmal ganz groß und stark und er ganz klein.

Aber sag, liebe Meerestrommel: Wie kommt es, dass du in meinem Garten bist?"

„Ich möchte dir ein Geschenk machen!"

„Ein Geschenk?" fragt Edna aufgeregt.

„Ja! Du hast vom Meer geträumt und jetzt bin ich da. Ich habe immer ein bisschen Meer mit dabei." lacht die kleine Trommel verschmitzt und beginnt wieder zu rauschen:

Ich rausche hin, ich rausche her,
ja das fällt mir gar nicht schwer.
Diesen Rhythmus mag ich sehr,
höre mich, ich bin das Meer.
Zu beruhigen, fällt mir gar nicht schwer,
so höre mich,
ich bin das Meer,
und das gefällt allen sehr.

Lied Wenn das Meer zu dir kommt

Von fern bin ich angereist
von weit komm ich her
nur für dich
nur für dich
ein Stück Meer
ein Stück Meer

so höre zu, höre zu!

Ich bin das Meer
und komme für dich
ich lass mich erklingen
und möcht für dich singen
ich bin das Meer
und spiele für dich
ich möchte erklingen
und für dich singen

Ich bin das Meer
und rausche hin und her
schließ deine Augen
und habe Vertrauen
deine Träume werden wahr
werden wahr

Das Rauschen der Meerestrommel zieht Edna in ihren Bann. Ehe sie sich versieht, sitzt sie wieder am Strand, während ihre Füße sanft vom

Meer umspült werden. Dann ist sie plötzlich Kapitänin auf einem großen Schiff und reist über das weite Meer. Sie sieht Delphine, wie sie freudig aus dem Wasser springen, Seemöwen fliegen am Himmel und Edna hält ihre Nase in den salzigen Wind.

Nach einer Weile wird das Meeresrauschen leiser und leiser, bis es auf einmal wieder ganz still ist. Edna öffnet ihre Augen. „Das war so schön! Als wäre ich wirklich am Meer gewesen!"

Mala freut sich mit Edna zusammen: „Ja! Und ab jetzt kannst du dich immer ans Meer träumen, wenn du willst. Du musst nicht mehr auf den nächsten Sommerurlaub warten."

In diesem Moment kommt Fidelis um die Ecke. „Edna! Es geht mir schon viel besser. Wenn wir uns beeilen, schaffen wir es vielleicht doch noch ans Meer und du musst nicht mehr so traurig sein."

Edna zwinkert der Meerestrommel zu. „Das ist lieb Fidelis! Aber weißt du, vom Meer, da komme ich gerade her!“

5.4 Die Sterne

„Wie schön doch die vielen Sterne glitzern!“ Edna ist ganz beseelt. Sie und Fidelis liegen im Gras und über ihnen funkelt ein wundervoller Sternenhimmel.

Es ist das erste Mal, dass Edna und Fidelis gemeinsam zelten und sie hatten einen wunderbaren Tag. Zuerst haben sie im See gebadet und danach im Wald Holz gesammelt. Anschließend haben sie ein Lagerfeuer gemacht, Kartoffeln im Feuer gegart und alte Lieder gesungen.

Fidelis stupft seine liebe Freundin sanft mit dem Rüssel an: „Hast Du schon eine Sternschnuppe gesehen, Edna?“

„Nein, aber sobald ich eine sehe, werde ich mir sofort etwas wünschen!“, meint sie freudig.

„Was wünschst du dir denn?“, fragt Fidelis.

Edna schaut Fidelis verschmitzt an: „Das verrate ich dir erst, wenn es in Erfüllung gegangen ist!“

Aber Fidelis hört schon gar nicht mehr zu. Ein helles Leuchten fesselt seine Aufmerksamkeit. „Schau Edna, eine riesige Sternschnuppe, dort oben rechts! Wie schnell sie ist!“

Die beiden schauen ganz erstaunt der Sternschnuppe nach. Sie fliegt und fliegt und hört gar nicht mehr auf zu fliegen… Tatsächlich fliegt die Sternschnuppe genau auf sie zu und kommt immer näher.

„Wie kann das sein?“, stammelt Edna noch, da ruft Fidelis: „Geh in Deckung, die Sternschnuppe kommt direkt auf uns zu!“ Schnell springen die beiden in ihr Zelt.

Auf einmal ist es wieder dunkel und ganz still.

„Fidelis, was ist passiert?“, flüstert Edna. Doch bevor Fidelis antworten kann, hören sie ein jämmerliches Tönen:

„Kling Klang – Kling Klang – Kling Klang“

Vorsichtig schauen Edna und Fidelis aus dem Zelt hervor. Sie trauen kaum ihren Augen. Direkt vor dem Zelteingang liegt ein kleiner Stern. Er leuchtet noch, aber nur noch ein ganz kleines bisschen.

„Hallo, wer bist du denn?", fragt Edna aufgeregt. „Und wie bist du hierhergekommen?"

Der kleine Stern schaut die beiden verdattert an und stammelt leise: „Ich… ich bin Elfie Klangkugel und komme von ganz weit oben. Ich bin gerade noch die Milchstraße entlang geflitzt und dann, dann bin ich gefallen und… und dann… jetzt bin ich auf einmal hier."

Der kleine Stern schaut ganz verloren drein und so laden Edna und Fidelis ihn erst einmal dazu ein, mit ihnen gemütlich am Feuer zu sitzen und zu erzählen:

„Eigentlich darf ich noch gar nicht allein fliegen. Aber ich habe die letzten Wochen schon so fleißig geübt und hatte so große Lust, einen kleinen Sternschnuppenflug zu unternehmen, damit sich die Menschen etwas wünschen können. Aber wie soll ich jetzt wieder nach Hause kommen? So weit weg kann meine Mama meinen Klang nicht hören."

Fidelis überlegt eine Weile und hat eine Idee. „Vielleicht hilft Dir mein Rüssel… wenn ich dich ganz vorne in meinen Rüssel setze, dann bist du laut genug und deine Klänge reichen bis zum Sternenhimmel. Lass es uns probieren!"

Edna hebt den kleinen Stern vorsichtig vom Boden auf und setzt ihn in Fidelis' Rüssel. Sofort beginnt Elfie Klangkugel eine wunderschöne Melodie zu spielen.

Fidelis und Edna hören aufmerksam zu, als auf einmal von weit her die Antwort erfolgt:

Lied Die Sterne

Elfie Klangkugel
Elfie Klangkugel
komm ganz bald wieder nach Haus
ganz oben hinauf
zu den Sternen
Elfie Klangkugel
Elfie Klangkugel
folge der Melodie
und du wirst mich finden
Mama Klangauge vermisst dich
ich hab dich so lieb!

Damit enden die Klänge und der kleine Stern seufzt erleichtert. „Meine Mama… jetzt weiß ich, wie ich nach Hause finde. Ich werde mich gleich auf den Weg machen. Vielen lieben Dank, Fidelis und Edna. Wenn ihr den hellsten Stern am Himmel leuchten seht, genau dort“ – Elfie Klangkugel zeigt auf eine bestimmte Stelle am Himmel – „dann werde ich wieder zu Hause sein.“

Der kleine Stern verabschiedet sich, winkt noch kurz und fliegt auf und davon.

Die beiden schauen ihm nach und winken zurück. „Was für eine aufregende Nacht, Fidelis“, meint Edna noch, da leuchtet am Sternenhimmel bereits ein heller Stern auf.

„Er ist zu Hause!“, flüstert Fidelis leise.

Genau in diesem Moment hören sie einen wunderschönen Klang, begleitet von Klara Klangauges Stimme: „Vielen Dank, dass ihr meinem kleinen Sternkind geholfen habt. Als Dank schenke ich euch diese Sternenmelodie. Sie soll euch viel Glück bringen.“

Fidelis und Edna freuen sich sehr. Mit den wunderbaren Sternenklängen schlafen sie eng aneinander gekuschelt ein. Diesen Tag werden sie so schnell bestimmt nicht vergessen.

5.5 Das verzauberte Klavier

Es ist ein verregneter Nachmittag. Edna kann sich heute zu nichts motivieren. Eigentlich wollte sie mit Fidelis rausgehen und wild in den Pfützen herumspringen, aber ihr lieber Elefantenfreund lässt auf sich warten.

„Was mache ich nur so lange, bis Fidelis endlich kommt?“, murmelt Edna unzufrieden.

Sie blickt sich suchend im Zimmer um. Bücher, Puzzle, Bastelpapier… auf all das hat Edna gerade keine Lust. Da fällt ihr Blick auf das Klavier. Mittlerweile ist es von einer hauchdünnen Staubschicht überzogen.

Im Sommer war Edna so viel draußen gewesen, dass sie gar nicht zum Klavier spielen gekommen ist. Aber jetzt freut sie sich:

„Vielleicht kann ich Fidelis nachher etwas vorspielen, der wird begeistert sein!“, denkt sich Eva aufgeregt.

Ganz entzückt nimmt sie auf ihrem Hocker Platz und drückt sanft die ersten Tasten.

Auf einmal hört sie ein leises Fiepen. „Na, nu? Was ist denn das? Kommt das vom Klavier?“, fragt sich Edna verwundert.

Sie hört auf zu spielen und da ist es schon wieder: ein ganz leises Fiepen. Edna spitzt ihre Ohren und folgt dem seltsamen Geräusch. Es muss vom Schrank kommen – unter dem Schrank! Edna legt sich auf den Bauch und tatsächlich: da steht eine kleine süße Maus und blickt sie mit ihren großen Mäuseaugen fröhlich an.

„Ja, wer bist denn du?", ruft Edna überrascht. „Dich habe ich hier ja noch nie gesehen! Was machst du hier?"
„Meine Mama, mein Papa und ich sind hier schon vor Wochen eingezogen. Ich warte schon die ganze Zeit darauf, dass du endlich mal Klavier spielst! Wenn ich doch nur größer wäre – so wie du. Dann könnte ich auch Klavier spielen." Auf einmal sieht die kleine Maus ganz traurig aus.

„Hm, gibt es denn kein Mäuseklavier?", fragt Edna.

„Nein! Nur für euch Menschenkinder gibt es so tolle Instrumente. Dabei würde ich so gerne wissen, wie es sich anfühlt auf so einem schönen Klavier zu spielen. Mit meinen Daumen würde es gehen. Schau mal, ich habe einen riesengroßen Daumen für eine Maus."

Edna muss lachen. Sie mag die kleine Mina und würde ihr gerne helfen.

> „Mina! Ich bin mir sicher, es gibt eine Lösung. Hör zu: gleich kommt mein Freund Fidelis. Er ist ein ganz lieber Elefant mit verrückten und tollen Ideen. Dürfen wir beide dir helfen?"

Ja, natürlich!", ruft Mina laut und strahlt bis über beide Mäuseohren.

Wie gerufen, öffnet sich die Tür und der vor sich hin pfeifende Fidelis kommt herein.

„Fidelis! Gut, dass du endlich da bist! Das ist meine kleine Nachbarin Mina. Sie würde so gerne Klavier spielen, aber es gibt kein kleines Mäuseklavier. Hast Du eine Idee, wie wir ihr helfen können?"

Fidelis begrüßt die kleine Maus mit einem sanften Stubs mit seinem großen Rüssel.

„Hallo liebe Mina! Das ist wirklich ein Problem… lass mich mal kurz nachdenken… also: Vor langer Zeit habe ich einmal einer sehr netten Zauberfrau geholfen. Zum Dank flüsterte sie mir eine Zauberformel ins Ohr, mit der man für ein paar Stunden Dinge verzaubern kann. Bis jetzt wusste ich nicht, wofür ich sie verwenden soll, aber das ist die perfekte Gelegenheit! Ihr werdet schon sehen…“

Edna und Mina warten gespannt, während Fidelis die Zauberformel spricht:

> *„Liebes Ding, groß und klein,*
> *du magst jetzt was andres sein.*
> *Wenn ich spreche was du bist,*
> *verzauberst du dich ganz gewiss.*
> *Großes Klavier, schön wie du bist,*
> *wirst jetzt was für Mina Mäuserich,*
> *von groß wirst du klein,*
> *so wird es sein.*
> *Zauber – Zauber – Zauber".*

Als das letzte Wort gesprochen ist, gibt es einen lauten Knall zusammen mit einem grellen Licht und das große Klavier verschwindet. Edna ruft verwundert: „Nanu, wo ist es hin?"

Da erklingen sanfte Töne. Edna und Fidelis schauen auf den Boden. Da sitzt die liebe Mina und spielt vergnügt ein kleines Instrument.

„Was ist das?“, fragt Edna.

Doch bevor jemand antwortet, beginnt das Instrument zu spielen:

Lied Das verzauberte Klavier

„Ich bin das Daumenklavier,
drück meine Zungen herunter,
sofort bin ich putzemunter,
dann kannst du mich spielen
und auch wirklich fühlen!

Wenn ich erklinge,
mach' ich verrückte Dinge,
schöne Klänge kommen heraus
und das klingt tagein, tagaus:

„Kling, klang, kling, klang"
ich ziehe dich in meinen Bann!

„Kling, klang, kling, klang"
jetzt bist du mit Spielen dran"

„Kling, klang, kling, klang"
ich ziehe dich in meinen Bann!

„Kling, klang, kling, klang"
jetzt bist du mit Spielen dran"

„Na das ist ja wunderbar! Ein Daumenklavier. Ich kann es mit meinem großen Daumen spielen und es klingt so schön", jauchzt Mina, die Maus, fröhlich.

Auch Fidelis und Edna dürfen das neue Instrument ausprobieren und sie finden es wunderbar. So leicht ist es zu spielen und so zauberhafte Klänge kommen hervor.

Edna und Fidelis kuscheln sich auf dem Bett in ihre Lieblingsdecke ein, während Mina, die Maus, noch bis in die Nacht hinein spielt. Wäre sie nicht selbst irgendwann müde geworden, hätte sie bestimmt nicht aufgehört.

Am nächsten Morgen werden Edna und Fidelis von den ersten Sonnenstrahlen ganz sanft aus ihrem Schlaf geweckt und da steht es, hinten in der Ecke: Ednas Klavier – ganz so, als wäre nichts geschehen.

5.6 Die goldenen Schalen

Heute ist ein richtig heißer Tag. Es ist erst Mittag und das Thermometer zeigt schon fast 30 Grad an.

„Edna, beeil dich! Ich muss unbedingt sofort in den See springen!"

Fidelis sieht ziemlich müde aus. Es laufen ihm bereits dicke Schweißperlen über die großen Elefantenohren.

„Ach Fidelis, tue ich ja! Aber ich kann meinen Badeanzug nicht finden. Ich schau unten im Keller bei der Wäsche nach." Schon flitzt Edna die Kellertreppe hinunter.

„Warte", ruft Fidelis, „ich komme mit!" Beim Gedanken an einen kühlen Keller erwachen seine Lebensgeister wieder.

Unten angekommen hält Edna bereits triumphierend ihren Badeanzug in den Händen. „Ich habe ihn Fidelis! Wir können los!"

„Warte... immer mit der Ruhe. Hier ist es so schön kühl." Fidelis setzt sich auf die unterste Treppenstufe, seufzt und sieht sich im Raum um. „Oh Edna, was für ein wunderbarer, alter Rumpelkeller!"

Tatsächlich ist der Keller vollgestopft bis oben hin mit alten Dingen. Da liegen verstaubte Hüte im Regal, auf dem Boden stehen halb verrostete alte Keksdosen, es gibt Gemälde, Werkzeug, Kuscheltiere aus Omas Zeiten und allerlei Krimskrams in jeder Ecke. Fidelis ist bereits aufgesprungen, um sich genauer umzusehen.

„Vielleicht finden wir ja einen Schatz, Edna!“

Edna lässt sich schnell von Fidelis’ Eifer anstecken. Beide wühlen sich durch die Berge an altem Zeug. Den See haben sie längst vergessen.

Fidelis ist gerade dabei, seinen Rüssel wieder aus einem alten Fischernetz zu befreien, als Edna einen Freudenschrei von sich gibt. „Fidelis, sieh doch! Wie sie glänzen!“

Fidelis kommt sogleich herbeigeeilt. „Oh Edna, was für wundervoll goldene Schalen du gefunden hast!“

Es sind drei an der Zahl. Jede in einer anderen Größe und nachdem Edna den Staub herunter gepustet hat, zeigen sie sich erst in ihrer ganzen Leuchtkraft.

Staunend sitzen die beiden vor den Schalen.

„Fidelis, lass sie uns mit nach oben nehmen. Dann können wir sie genauer ansehen.“, meint Edna. Vorsichtig stapeln sie die drei Schalen aufeinander, damit Edna sie die Treppe hinauftragen kann.

„Was nun?“, will Edna wissen.

Fidelis überlegt und hat eine Idee. „Du hast doch diese wunderschönen Glasmurmeln. Die würden bestimmt schön darin aussehen!“

Edna holt den Sack mit den Glasmurmeln aus dem Schrank und vorsichtig füllen die beiden alle drei Schalen mit den bunten Murmeln.

Dann passiert etwas Unglaubliches. Edna und Fidelis können gar nicht so schnell gucken, da werden die Murmeln wie von einem Wirbelsturm nach oben aus den Schalen gezogen, fliegen in der Luft herum, fallen mit lautem Gepolter auf den Boden und springen und rollen in alle Richtungen den Boden entlang.

Dann ist Stille. Fidelis und Edna, die sofort die Hände schützend über ihre Köpfe gehalten haben, trauen sich noch gar nicht, sich wieder zu bewegen. Nur langsam nehmen sie die Hände herunter und schauen sich mit großen Augen an.

Edna ist noch ganz verdutzt. „Was war das denn? Hast du das auch gesehen oder habe ich das gerade geträumt?“

„Nein, kein Traum.“ Auch Fidelis kann noch nicht richtig glauben, was gerade passiert ist. „Lass uns die Schalen wieder in den Keller zurückbringen. Irgendwas stimmt da nicht.“, meint er ängstlich.

Doch dann ertönt eine sanfte Stimme. Es ist die größte der drei Schalen, die beruhigend zu Fidelis und Edna spricht: „Meine lieben Freunde, habt keine Angst! Wir freuen uns so sehr, dass ihr uns endlich aus diesem staubigen Keller geholt habt. Endlich wollen wir wieder klingen, aber voll mit Murmeln geht das doch nicht! Darf ich uns vorstellen? Ich bin Ding und das hier sind meine lieben Geschwister, Dang und Dong. Wir sind Klangschalen und kommen aus einem fernen Land. Es ist unsere Aufgabe, den Menschen unsere wohltuenden Klänge zu schenken.“

Da beginnen Ding, Dang und Dong zu singen:

Lied Die goldenen Schalen

Wir sind die goldenen Schalen
du kannst uns gern anschlagen
wir klingen nacheinander

Dang Ding Dong

Unser Klang der verzaubert
lange klingt er nach
alles was du brauchst ist

Dang Ding Dong

Wir sind eine Familie
verfolgen die gleichen Ziele
alles was wir wollen ist

Dang Ding Dong

Unsere Klänge kannst du spüren
Werden auf deinem Körper vibrieren
sie werden dich berühren

Dang Ding Dong

Mit uns kommst du zur Ruhe
Kommst ins Hier und Jetzt
Und bist niemals mehr gehetzt

so spiel uns an
schlag uns an
und erfreue dich daran

so spiel uns an
schlag uns an
und erfreue dich daran

Edna und Fidelis hören gespannt zu. Sie lieben die schönen Klänge der drei Klangschalen.

„So schön!“, ruft Edna ganz entzückt und auch Fidelis strahlt bis über beide Elefantenohren.

Die drei Klangschalen freuen sich sehr, dass sie endlich wieder Gutes tun können mit ihren Klängen. Ganz aufgeregt ruft die mittelgroße Schale Dang: „Probiert es selbst aus!“

Edna und ihr Elefantenfreund wollen unbedingt – aber wie?

Ding lächelt verschmitzt. „Dong, du weißt was zu tun ist!“

Da beginnt sich Dong im Kreis zu drehen, lässt seinen Ton erklingen und singt: „Simon Schlägel, komm herbei, vorbei ist's mit der Sucherei!“

Ein kurzer Blitz und schon liegt da ein wunderschöner Filzschlägel vor Edna und Fidelis auf dem Boden. Erstaunt schauen sich die beiden wieder an. Dann müssen sie lachen. Heute passieren wirklich seltsame Dinge und die beiden wundern sich schon gar nicht mehr richtig.

Edna nimmt den Filzschlägel in die Hand und schlägt die kleinste Schale an, dann die mittlere und dann die große. Es klingt ganz wunderbar! Die ganze Aufregung schwindet, umso länger Edna die Klangschalen spielt. Es breitet sich eine herrliche Ruhe im Raum aus.

„Wenn ihr möchtet, könnt ihr unsere Klänge auch direkt auf euren Körpern spüren. Wer traut sich?“, fragt Dong ganz aufgeregt. Die kleine Klangschale ist voller Freude.

Fidelis möchte als erster. Er legt sich auf den Boden und Edna setzt die drei Schalen behutsam auf seinen großen Elefantenbauch. Dann schlägt sie die Schalen sanft an.

„Wie schön das kitzelt!“, lacht Fidelis da noch fröhlich.

Kurz darauf hört man dann nur noch sein friedliches Elefantenschnarchen.

Edna aber spielt noch eine ganze Weile auf den Klangschalen bis auch ihr die Augen zufallen, so intensiv und beruhigend wirken die Klänge.

„Super Arbeit!" sagt Ding.

„Ja, wir können es noch!" freut sich Dang.

„Endlich können wir wieder klingen und den Menschen Freude bringen." meint Dong.

So sitzen die drei Klangschalen da, schauen liebevoll auf die schlummernde Edna und den schnarchenden Fidelis und sehen sehr zufrieden aus.

5.7 Edna und der erste Schultag

Edna ist ganz aufgeregt: morgen ist tatsächlich ihr erster Schultag. Sie ist so nervös, dass sie sich schon seit Stunden im Zimmer versteckt hat und keinen mehr sehen will – nicht einmal ihren besten Freund Fidelis.

Fidelis sitzt gerade gemütlich vor Ednas Zimmerfenster, lässt sich die Sonne auf den Bauch scheinen und schmunzelt vor sich hin.

Er kennt seine liebe Freundin Edna ja nun allzu gut. Er wusste schon lange, dass sie sehr aufgeregt sein wird vor diesem großen Tag. Deshalb hat er sich bereits etwas überlegt und schon vor Tagen all ihren

Freunden Bescheid gegeben. Es soll ein Überraschungsfest für Edna geben. Alle Freunde werden Edna Mut zusprechen und sie unterstützen. Es werden da sein: Duna Donnertrommel, Rudi Regenmacher, Mala Meerestrommel, Mina Maus und das Daumenklavier, Ding Dang und Dong, Klara Klangauge und Elfie Klangkugel.

„So, jetzt ist es mal genug, liebe Edna!" denkt sich Fidelis und lacht in sich hinein. Er steht auf, gleitet mit seinem Rüssel ganz langsam durch das gekippte Fenster in Ednas Zimmer und sagt: „Guguck, liebe Edna! Komm endlich nach draußen und lass uns ein bisschen an den See gehen. Es ist so schön warm heute!"

„Nein!", schallt es da aus dem Zimmer. „Ich bin viel zu aufgeregt lieber Fidelis."

„Was, wenn ich dir verspreche, dass eine ganz besondere Überraschung auf dich wartet?" antwortet Fidelis.

Zunächst ist Edna still. Fidelis wähnt sich grinsend schon am Ziel. Er weiß, wie aufgeregt seine Freundin sein kann. Aber er weiß auch, wie neugierig sie ist.

„Was ist das denn für eine Überraschung am See?" fragt Edna zögerlich.

„Tja, da musst du schon rauskommen und mit mir gehen, damit du das erfährst!"

Kurz darauf hört Fidelis von drinnen eine Tür schlagen, dann noch eine, und schon steht Edna draußen neben ihm. Er nimmt sie liebevoll auf seinen großen Elefantenrücken und trampelt los in Richtung See. Edna versucht den ganzen Weg lang etwas aus Fidelis rauszubekommen, aber er verrät ihr nichts.

Schon fast am See angekommen, hört Edna Musik. Noch bevor sie Fidelis danach fragen kann, sieht sie all ihre Freunde, wie sie singen, tanzen und klatschen:

Lied Edna und der erste Schultag

Habe Mut, Edna
du kannst schaffen was du willst
Habe Mut zu träumen
glaube fest an dich:
Du kannst das
du schaffst das
du glaubst fest an dich
du kannst das, du schaffst das
du bist gut genug

Und jetzt du:
Ich kann das
ich schaff' das
ich glaub fest an mich
ich kann das
ich schaff' das
ich bin gut genug

Habe Mut, Edna
blicke freudig in die Welt
Habe Mut zu träumen
sei dein eig'ner Held:

Du kannst das
du schaffst da
du glaubst fest an dich
du kannst das
du schaffst das
du bist gut genug

Und jetzt du:
Ich kann das
ich schaff' das
ich glaub fest an mich
ich kann das
ich schaff' das
ich bin gut genug

Das Lied, das tut dir gut
die Klänge geben Mut
denn sie spielen für dich
dapp dapp da da da dapp…

Du kannst das
du schaffst das
du glaubst fest an dich
du kannst das
du schaffst das
du bist gut genug

Und jetzt du:
Ich kann das
ich schaff' das
ich glaub fest an mich
ich kann das
ich schaff' das
ich bin gut genug

Edna strahlt übers ganze Gesicht. Die Musik und die Klänge ihrer Freunde geben ihr Kraft. Von der Nervosität ist nichts mehr da. Edna ist voller Freude und so stolz. Sie singt lauthals mit: „Ich kann das, ich schaff das, ich bin gut genug!"

Als die letzten Töne verklingen, fällt sie ihren Freunden in die Arme. Was für eine schöne Überraschung!

Das war aber noch nicht alles. Nacheinander spielen nun all ihre Freunde ihre schönsten Klänge für Edna:

„Ich wünsche dir Mut“, lässt es Ding klingen. Dong und Dang spielen gleicht mit.

„Und ich ganz viel Kraft“, tönt Klara Klangauge.

„Ich wünsche dir viel Freude“, lacht Rudi Regenmacher.

„Und ich dir ganz viel Stärke!“, donnert es von Duna Regenmacher.

„Ich wünsche dir, dass du immer an deine Träume glaubst!“, rauscht es von Mala Meerestrommel.

„Wir wünschen dir viele neue Freunde!“, lassen es Elfi Klangkugel und Klara Klangauge klingen.

„Ich wünsche dir Lebendigkeit!“, ruft das Daumenklavier und lässt seine Zungen spielen.

„Ja ich auch!“, piepst Mina Maus fröhlich dazu.

„Und ich wünsche dir, dass du immer zu dir stehst und dir vertraust, egal, was andere sagen!“, lacht und trompetet es von Fidelis.

Dann spielen alle Instrumente zusammen. Edna schaut auf ihre Freunde. Sie fühlt sich so bestärkt und voller Vorfreude, dass sie sich wünscht, jetzt in diesem Moment schon in der Schule zu sein.

6

Praktische Hinweise und Bastelanleitungen

Mit den Anleitungen aus diesem Kapitel können die Instrumente kinderleicht nachgebaut werden. Außerdem finden sich Anregungen zur Selbstreflexion.

Z. Martus, *Das musikalische Entspannungsbuch für Kinder und Eltern*,
https://doi.org/10.1007/978-3-662-62814-0_6

6.1 Dein Klangkapitel

„Mach dich auf die Reise und mach's dir leicht!"

Stell dir vor, du fühlst dich jeden Tag ganz leicht und voller Freude! „Nimm dir Zeit, um zu träumen, es ist der Weg zu den Sternen." (Sprichwort aus Irland)

Die Geschichten und Lieder in diesem Buch dürfen Sie und Ihr Kind dazu anregen, Ihre eigenen Geschichten zu erzählen, die Lieder mitzusingen, Bilder zu malen und die verschiedenen Klanginstrumente auszuprobieren. So kommt Ihr Kind mit seinen Gefühlen in Kontakt, Sie können gemeinsam träumen, entspannen und Kraft tanken. Diese Rituale werden lebenslange und unterstützende Anker werden.

Beim Hören der Musik fühle ich mich:

Ein mutiger Tag ist für mich:

Die Lieder und Geschichten möchte ich folgendermaßen verwenden:

Diese Tagesrituale sind wichtig für mich:

Folgende Ruheinseln möchte ich mit meinem Kind integrieren:

Diese Klanginstrumente möchte ich unbedingt einmal ausprobieren:

Entspannung ist für mich:

Bleib aktiv, du bist der Freudenklang!

Ich hoffe, dieses Buch hat Ihr Interesse geweckt, sich noch mehr mit Klängen zu beschäftigen. Vielleicht finden Sie gemeinsam mit Ihrem Kind eigene Ruhe-Rituale und können diese in Ihren Alltag etablieren. Das erfrischt den Geist und fördert die Konzentration. Bleiben Sie neugierig und schauen Sie, was passiert und wie Rituale in Verbindung mit Musik Ihr Familienleben verändern können.

6.2 Die Instrumente und ihre Spielweise

6.2.1 Daumenklavier/Kalimba

Die Spielweise wird in diesem Video erklärt:

6.2.2 Donnertrommel

Die Spielweise wird in diesem Video erklärt:

6.2.3 Der Regenmacher

Die Spielweise wird in diesem Video erklärt:

6.2.4 Die Klangschale

Die Spielweise wird in diesem Video erklärt:

6.2.5 Die Klangkugel/Elfenklangkugel

Die Spielweise wird in diesem Video erklärt:

6.2.6 Die Meerestrommel

Die Spielweise wird in diesem Video erklärt:

6.2.7 Das Klangauge

Die Spielweise wird in diesem Video erklärt:

6.3 Anleitung Instrumentenbau

Zu allen vorgestellten Instrumenten besteht die Möglichkeit, einige davon selbst anzufertigen. Hier ein paar Beispiele von jenen Instrumenten, die nur geringen Arbeitsaufwand benötigen. Natürlich können alle auch käuflich erworben werden. Sie werden in den digitalen Medien dazu schnell fündig.

Der Regenmacher
Material:

- Eine leere Stapelchips-Dose oder Küchenrolle
- Eine Rolle Draht (Blumenbindedraht)
- Eine Handvoll Reis
- Eine Handvoll Bohnen
- Schere
- Klebeband oder auch Washi-Tape
- Krepppapier
- Federn

Den Draht in mehrere Spiralen unterteilen und formen. Den Behälter mit diesen Spiralen befüllen. Der Regenmacher klingt umso schöner, wenn die Spiralen in unterschiedliche Größen unterteilt werden. Danach nun den Reis und die Bohnen in den Behälter hineingeben. Hier können Sie anhand des Klanges selbst herausfinden, wie viel Sie befüllen. Sobald Ihnen das Ergebnis gefällt, schließen Sie die Dose und verdichten Sie diese zusätzlich mit dem Klebeband. Jetzt geht es ans Dekorieren. Dafür können Sie den Behälter mit dem Krepppapier umwickeln und diese mit dem Washi-Tape umschließen. Sie können den Regenmacher ganz nach Ihren Vorstellungen gestalten und am Ende zusätzlich mit Federn bekleben. Geben Sie nun dem Regenmacher einen eigenen Namen und das Klangspiel kann losgehen.

Die Donnertrommel
Material

- Blechdose nur mit einer Öffnung
- Metallfeder
- Nagel und Hammer
- Geschenkpapier, Washi-Tape

Am Boden der Dose mit dem Nagel ein Loch schlagen, sodass ein Ende der Metallfeder durchgeführt werden kann. Diese sollte so befestig sein, dass sie gut sitzt und nicht durchrutschen kann. Vorsicht hier, dass das eventuell spitze, herausstehende Ende der Feder geschützt wird. Jetzt sollte durch leichtes Schütteln ein Donnerklang erklingen. Auch hier können Sie das Instrument wieder dekorieren.

Die Meerestrommel Material

- Leere Keksdose als Behälter
- Plastikfolie für die Oberfläche
- Buntes Tonpapier und Buntstifte
- Kleber
- Schere
- Perlenschmuck

Die leere Keksdose wird zunächst dekoriert. Dafür kann das schöne Tonpapier benutzt werden, um Fische, Meeressterne, Algen etc. daraus zu basteln. Diese werden innerhalb der Keksdose eingeklebt und schön platziert. Jetzt wird die Dose mit den Perlen gefüllt. Je nach Klangerlebnis können hier mehrere oder weniger Perlen eingefüllt werden. Um die Dose zu verschließen, die Plastikfolie benutzen und diese so gut verkleben, dass die Perlen nicht rausfallen können. Jetzt ist die Meerestrommel fertig. Die Bewegung der Perlen kann beobachtet werden und das eigene Ruheritual kann beginnen.

6.4 Weitere Hinweise

Deine Lieder sind deine Heimat. Es ist wie ein Nach-Hause-Kommen und das zu jeder Zeit und lebenslang.

So gibt es personalisierte Lieder, eingesungen mit deinem Wunschnamen zu unterschiedlichen Themen:

- Personalisiertes Mutlied (in der Geschichte mit dem Namen Edna)
- Personalisiertes Aufräumlied
- Personalisiertes Schlaflied und viele mehr!

Jeder darf an sich glauben, auf seine Fähigkeiten vertrauen und Großes wagen!

www.soundhorn.at

Sie haben Fragen zu den Instrumenten oder möchten gerne mehr über passende Klangbeispiele zu den Geschichten erfahren? Sie möchten gerne ein Feedback geben?

Schreiben Sie mir jederzeit!

www.zita-martus.at

Zeitfracht Medien GmbH
Ferdinand-Jühlke-Straße 7,
99095 - DE, Erfurt
produktsicherheit@zeitfracht.de